「X」の変心

「悲劇の誕生」から「善悪の彼岸」まで

大川隆法 Ryuho Okawa

まえがき

長らく当会とは逆縁のあった宗教学者「X」氏の「守護霊」との対話である。今の若い人たちには、もうわからないかもしれないが、一九九一年から一九九五年という時期は、日本の宗教界並びに宗教学界にとって、栄光と試練の期間であったのである。

それ以前にも日本の新宗教はあまり評判は良くなかったが、幸福の科学の急成長につられて、他の新宗教も表世界に飛び出し、警察やマスコミに撃ち落とされ、一九九五年三月のオウム真理教事件以降、再び闇の世界に沈んでいった感がある。当会も警察や政治家とも協力しつつ、オウム事件解決にあたっていたが、逆風は宗教界全体に吹きあれた。

あれから長い時間をかけて、コツコツと努力を積み重ねた「X」氏も、「まさか」「まさか」の苦難の連続であったろう。

二十年の歳月が過ぎて、今、冷静に振り返ってみるべき時かもしれない。一人の人間としては、私はやるべきことはやった。「人間以上のもの」としては、どこまで行けるか、それは未来の判断にまかせるしかあるまい。

二〇一四年　九月二十三日

幸福《こうふく》の科学《かがく》グループ創始者兼総裁《そうししゃけんそうさい》　大川隆法《おおかわりゅうほう》

宗教学者「X」の変心　目次

宗教学者「X《エックス》」の変心

――「悲劇の誕生」から「善悪の彼岸《ひがん》」まで――

二〇一四年九月二十三日　収録

東京都・幸福の科学　教祖殿《きょうそでん》　大悟館《たいごかん》にて

「霊言現象《れいげん》」とは、あの世の霊存在の言葉を語り下ろす現象のことをいう。これは高度な悟《さと》りを開いた者に特有のものであり、「霊媒現象《れいばい》」（トランス状態になって意識を失い、霊が一方的にしゃべる現象）とは異なる。外国人霊の霊言の場合には、霊言現象を行う者の言語中枢《ちゅうすう》から、必要な言葉を選び出し、日本語で語ることも可能である。

また、人間の魂《たましい》は原則として六人のグループからなり、あの世に残っている「魂の兄弟」の一人が守護霊《しゅごれい》を務めている。つまり、守護霊は、実は自分自身の魂の一部である。したがって、「守護霊の霊言」とは、いわば本人の潜在《せんざい》意識にアクセスしたものであり、その内容は、その人が潜在意識で考えていること（本心）と考えてよい。

なお、「霊言」は、あくまでも霊人の意見であり、幸福の科学グループとしての見解と矛盾《むじゅん》する内容を含《ふく》む場合がある点、付記しておきたい。

宗教学者「X《エックス》」の変心

―「悲劇の誕生」から「善悪の彼岸《ひがん》」まで―

二〇一四年九月二十三日　収録

東京都・幸福の科学　教祖殿《きょうそでん》　大悟館《たいごかん》にて

宗教学者「X《エックス》」

フィールドワークの手法で宗教の調査・分析《ぶんせき》をする日本の宗教学者。宗教評論家。一九九〇年代の宗教ブームや、オウム事件をはじめとする宗教団体の事件において、中心的な位置にいた学者の一人。

質問者　※質問順

酒井太守《さかいたいしゅ》（幸福の科学宗務《しゅうむ》本部担当理事長特別補佐《ほさ》）

武田亮《たけだりょう》（幸福の科学副理事長 兼《けん》 宗務本部長）

転法輪蘭《てんぽうりんらん》（幸福の科学宗務本部担当副理事長）

［役職は収録時点のもの］

1　九〇年代に有名になった宗教学者「X《エックス》」氏の守護霊《しゅごれい》を招霊《しょうれい》する

「匿名《とくめい》」で某《ぼう》宗教学者の守護霊霊言《しゅごれいれいげん》を行う

大川隆法　先般《せんぱん》、日本を代表する三人の宗教学者（島薗進《しまぞのすすむ》・山折哲雄《やまおりてつお》・井上順孝《いのうえのぶたか》氏）の守護霊《しゅごれい》から、幸福の科学に対するご意見を伺《うかが》い、本にして出しました（『宗教学者から観《み》た「幸福の科学」』〔幸福の科学出版刊〕参照）。

これに対しては、宗教学者であっても、「守護霊がインタビューを受ける」という経験はないので、いきなり週刊誌にすっぱ抜《ぬ》かれたような衝撃《しょうげき》を受けたかもしれません。

「だいたい、こんなものかな」と思う人もあり、諦《あきら》める人もあり、建前《たてまえ》とは違《ちが》うために困って反論したくなる人もありと、いろいろな反応があったようです。お三方とも、この世的にある程度の地位を持たれていて、立場のある方でありました。

一方、そのとき、収録候補に挙がっていたものの、実際には行わなかった人がもう一人いたのです。

その人は、肩書《かたがき》としてはそれほどではないのですけれども、宗教学者ではある……、いや、「宗教学者であった」と言うべきかもしれません。

一九九〇年代、宗教が非常に盛り上がり、宗教学者たちもたいへん盛り上がった時期がありましたけれども、途中《とちゅう》で大きな事件があって、宗教に対する評価が急に厳しくなり、宗教学界も転げ落ちるように、「転落・雌伏《しふく》の時代」を迎《むか》えました。そのときに、わりあいと中心的な位置にいた人の一人ではあります。

今回、この人の守護霊霊言《れいげん》を収録するに当たり、名前を出してもよろしいのですが、当会ともかなり利害関係がありまして（笑）、相互《そうご》に〝攻撃《こうげき》〟と〝防御《ぼうぎょ》〟を繰《く》り返してきたこともけっこうありますし、お互《たが》いにプライベートなこともいろいろとありますので、どの程度まで入《はい》れるかは分かりません。

とりあえず、現時点では「匿名《とくめい》」ということで行うつもりですけれども、話を聞けば、「分かってしまう人には分かってしまい、分からない人には分からない」ということで構わないと思います。多少なりとも宗教に関心があり、事実を知っている人には、これが誰《だれ》であるか、すぐに分かるはずです。

名前を伏《ふ》せて守護霊霊言をして、それが誰かを当てられるのだったら、本物の守護霊ということです。ややクイズっぽくはありますが、名前を隠《かく》して行《おこな》って、誰の守護霊かが分かったら、それは大したものでしょう。まさしくクイズ番組ではありませんけれども、「これは誰の守護霊だったでしょうか?」と出題したら、もう、一分で見破られる可能性もありますが……。

この二十数年間での宗教学者「X」氏の心境の変化とは?

大川隆法　ただ、長く活躍《かつやく》しておられて、いろいろなところに出ては顔や名前を売っていたことがあるものの、業績的には「大きな失敗」と見られるものもありました。本来はそこで〝消えるべき人〟だったのでしょうが、なぜか超人《ちょうじん》的に頑張《がんば》って、現在まで生き延びておられます。そのように、いろいろとご苦労もなされたという意味では、若いころと比べて、見える範囲《はんい》も広がっているのではないでしょうか。

最初は、当会に対して批判的な態度もとっておられたように思うのですが、これは、きっかけとしては極《きわ》めて些細《ささい》なことだったような感じがしています。

これはあとから知ったことなのですけれども、実は、私に対談の申し込《こ》みをしてこられたときに、事務方かどこかであっさりと断られたことがあったようです。そのころ、私が忙《いそが》しかったために、そういう対応をされたのだと思いますが、「ほかの宗教は対談や取材に応じてくれるのに、幸福の科学は応じてくれなかった」ということで、そのあたりが少々面白《おもしろ》くなかったのかもしれません。

それで、他のさまざまな宗教に入り込んでいき、「自分と付き合ったら、どれほど世の中で宗教が得をするか」ということを見せたくて、一生懸命《いっしょうけんめい》に持ち上げたところ、その宗教が潰《つぶ》れていくようなことが何度か起きました。

ただ、それから二十数年もの年月《ねんげつ》がたったこともあり、最近の発言等を見ると、さすがに心境の変化が感じられるものもありますし、当会に対しても、「フェアな立場で考えなければいけないのかな」と、多少は考えておられるようにお見受けします。

「幸福の科学の位置づけ」について意見交換《こうかん》を試みる

大川隆法　前回、宗教学者お三方の守護霊からご意見を伺いましたけれども、この人は、もう一つ別の角度から、「フィールドワーク」などを熱心にしておられた方ですので、「客観的に見て、今、幸福の科学が、日本あるいは世界において、どのような位置づけをされるべきか」ということについてお聞きしたいところです。ある意味では自由な、ある意味では勝手な意見を言われるのではないでしょうか。

もし当たっているところがあれば、当たっているところとして参考にしたいと考えています。もし間違っているところがあって、それがマスコミ界や宗教界、学会等、いろいろなところに広がっているのであれば、この機会に、考え方の違いの部分については、こちらからも言ってすり合わせをし、今後、誤解のないような未来にしておきたいと思います。

前置きは以上です。

どの程度でバレるかは分かりませんが、いちおう「X」さんということで行きましょう（笑）。私は、名前を出さなくても、心のなかで思っただけで呼べますので、今日は宗教学者「X」さんの守護霊をお呼びします。

自分で名前をしゃべってしまうかもしれませんが、それについてはしかたがありません。プライバシーと名誉《めいよ》を重んじて、いちおう名前を秘《ひ》して行いますけれども、自分で〝ばらす〟場合はしかたがないでしょう。

どんな方なのか、本心も訊《き》いてみたいと思います。

「X」氏の守護霊を招霊《しょうれい》し、その考えを訊《き》く

大川隆法　それでは、著名な宗教学者、宗教評論家である「X」さんの守護霊をお呼びします。現時点で、宗教界について、勇気を持ってコメントできる方は数少ないので、幸福の科学が客観的にどのように見られるべきであるのか、あるいは、今、どんな感想をお持ちなのか、あるいは、過去から未来について、どんなことを考えておられるのか、どうか、お答えください。

今日は、偉大《いだい》といえば偉大、偉大でないといえば偉大でない哲学者、ニーチェの本の題名から引っ張ってきた「『悲劇の誕生』から『善悪の彼岸《ひがん》』へ」という副題で、暗に業績を〝称《たた》えて〟いますので、どうか、そのような尊敬の念も感じつつ、われわれの質問に答えてくだされればと思います。

それでは、宗教学者、宗教評論家、「X」さんの守護霊よ。

どうぞ、幸福の科学教祖殿《きょうそでん》に降りたまいて、われらのさまざまな疑問に答え、また、

世間《せけん》の人たちの迷妄《めいもう》を解くべく、学識の一端《いったん》なりともお明かしくださいますことを、
心の底よりお願い申し上げます。

(約五秒間の沈黙《ちんもく》)

2　九〇年代と現在で、幸福の科学に対する見方は変わったか

タイトルにクレームをつける「X」氏の守護霊

「X」守護霊　うーん……。

「X」っていうことはないんじゃないの？　「X」っていうことは。

酒井　ああ。それは、ないんですか。

「X」守護霊　何か、私を有名にしたくないという者の陰謀《いんぼう》のような気が……。

酒井　いや、ちょっと待ってください。守護霊さんにも、名前を隠《かく》したいという人も

いれば、明かしたいという人もいます。

「X」守護霊　それは、内容がよければ出たいし、悪ければ怒《おこ》る。それだけのことだわなあ。

酒井　今回はどうなんでしょうか。

「X」守護霊　分からん。

酒井　分からない？

「X」守護霊　やってみないと。あんたがたの態度にもよるから。

酒井　では、やっぱり「X」でいくっていうことですよね？

「X」守護霊　じゃあ、「Xさん」でいいですよ。「Xさん」でいけるなら、やってみたいな。

酒井　「いけるならやってみたい」と。

「X」守護霊　実は、夏目漱石《なつめそうせき》かもしれないし、森鷗外《もりおうがい》かも分からない。

酒井　それでは、「夏目漱石ではない」っていうことが分かってしまいますよ。

「X」守護霊　うん、まあ……（笑）（会場笑）。宗教学者じゃないわな、あの人はな。

酒井　そうですね。

あなたは、何か当会とはご関係がありましたか？

「X」守護霊　ええ、もう縁《えん》は深いですねえ。

これはもうねえ、大川隆法さんと机を並べたことはないけれども、同じ時期に勉強した学生時代を送ったことのある者でございますので。

酒井　なるほど。では、東大出身ということでよろしいのですか？

「X」守護霊　まあ、東大以外に大学はないでしょう。

酒井　なるほど。

東大の宗教学科について振《ふ》り返る「X」氏守護霊

酒井　ところで、東大の宗教学科なんですけど……。

「X」守護霊　はあ?

酒井　まあ、ちょっと無駄《むだ》なところは省《はぶ》いてですね（会場笑）。

「X」守護霊　（笑）まあ、「X氏」ですからね。ああ、そうですよね。夏目漱石は英文科で、森鷗外は独文科でしたっけね。あっ、医学部でしたよね。

酒井　あなたは、何学科なんですか?

「X」守護霊　いや、某《ぼう》学科です。はい。

酒井　文学部の某学科?

「X」守護霊　うん。

酒井　では、文学部の同じ仲間として、振《ふ》り返ってみて、今、東大の宗教学科というのは何か問題点がありますか？

「X」守護霊　いやあ、もう人材が百花繚乱《ひゃっかりょうらん》でしたねえ。

酒井　百花繚乱？

「X」守護霊　もう、人材が輩出《はいしゅつ》してました。私の時代がいちばん出たんじゃないですかねえ。

酒井　なるほど。それで、ある事件、まあ、オウム真理教の事件をきっかけに……。

「X」守護霊　（笑）面白《おもしろ》いねえ。まあ、お互《たが》い、行けるところまで行こう。

酒井　その事件をきっかけに、東大の宗教学科っていうのは、かなり名誉《めいよ》が失われてしまったんですけど……。

「X」守護霊　そうかなあ。もともと名誉なんかなかったんだよ。

酒井　まあ、その原因として、〝ある学者〟の方が、「オウムっていうのは、特異な集団には見えるけれども、むしろ仏教の伝統を正しく受け継《つ》いでいるんだ」と、擁護《ようご》するような発言をしたわけです。

「X」守護霊　うーん。なるほど。それは優秀《ゆうしゅう》な学者だろうね、きっと。

酒井　その方は、そのあとで大学をクビになりました。

「X」守護霊　あ、そうなんですか!?　それは、よくないですよねえ。世論《せろん》っていうのは必ずしも正しいとは言えない。それは、ソクラテス的な判決ですね。

酒井　そうですかね。

「X」守護霊　一生懸命《いっしょうけんめい》に勉強してる人がクビにされるっていうか、悲劇ですね。まさしく、「悲劇の誕生」ですねえ。

酒井　いや、そう取るんですか?

「X」守護霊　そのとおりですねえ。

酒井　では、その方については、どう思われますか?

「X」守護霊　うーん。まあ、〝その方〟は、やっぱり良心的にはなっていたと思いますね。

酒井　なるほど。

「X」守護霊　非常に良心的で、ほかの人みたいな政治的な立ち回りができない方だったんだと思うんです。

非常に良心的に、思ったことをストレートに述べておられたんだと思うし、やっぱり人の善意を信じすぎたんだろうと思うんですね。

酒井　信じすぎた？

「X」守護霊　ええ、信じすぎた。「騙《だま》される」っていうことを考えなかったんでしょうね。

酒井　なるほど。

「X」守護霊　宗教学に身を置く者として、やっぱり、神様、仏様に仕える学問ですからね。宗教学はそうですから。

かつて「X」氏が批判した幸福の科学を、今はどう見ているのか

酒井　ところが、幸福の科学に対しては、「偽物《にせもの》だと言いたくなるような代物《しろもの》だ」とか、「それを放置しておくことは危険だ」とか、「日本の駄目《だめ》さの象徴《しょうちょう》が幸福の科学だ」とかですねえ……。

「X」守護霊　いや、ちょっと、「バブル宗教」みたいな言い方はしたかもしれないがなあ。うーん。

酒井　ほかにも、「教えもほとんどが幼稚《ようち》なものにすぎない」とか、かなり批判していますよね。

「X」守護霊　なるほど。まあ、〝愛のムチ〟っていうのは、やっぱり厳しいもんだね。

酒井　X氏の守護霊さんからは、今の幸福の科学っていうのは、その当時のように見えますでしょうか？

「X」守護霊　いやあ、よく生き延びてるねえ。すごいねえ。いや、先ほど、私もほめていただいたけども。

幸福の科学は、最初の、一九九一年ぐらいのバッシングで弱ってしまうと思ったんだけどねえ。あれでバッシングされて、九二年は、統一教会だったよねえ。幸福の科学のまねして出てきて、大バッシングを受けて、九三年以降はすっかり水面下に潜《もぐ》っちゃったよねえ。

まあ、（幸福の科学も）そういうふうになるかと思ったら、ならない。このタフさっていうか、何度でも何度でも出てくるタフさはすごいねえ。いやあ、タフであることは認めるよ。

酒井　ああ、「タフである」と。

「X」守護霊　そう、タフ……。

酒井　あなたもタフですよね。

「X」守護霊　いや、私はタフじゃないけどねえ。まあ、生きていくために、しかたなく頑張《がんば》ってるだけだから。

酒井　ああ、そうなんですか。

「X」守護霊　君らのところのように、資金潤沢《じゅんたく》ではないから、生きていくために頑張ってるんだ。

酒井　最近は、学者的な仕事というよりも……。

「X」守護霊　学者を超《こ》えたね。もう、学者は超えた。うーん。

酒井　何か、すごく本を書かれていますよね。

「X」守護霊　何でも書いてる。食っていくためには、何でもやってるっていうかねえ。私も、人生の最低限の生活をしたことがあるから。

まあ、神の声でも聞こえたら、宗教家をやってもよかったんだけどねえ。

酒井　「神の声が聞こえる」ということは、「霊言《れいげん》を信じる」ということになりますが。

「X」守護霊　いや、自分にそういうのが降りてきたら、宗教をつくってもいいかな。知識はいっぱいあるからね、知識は。

幸福の科学の「霊言《れいげん》」に対する見解を述べる

酒井　では、まず、「霊言《れいげん》」の話題からいきましょうか？　当会の「ザ・リバティ」という雑誌の記事で、〝ある学者〟がですねえ……。

「X」守護霊　ああ、そんな雑誌の記事が……。

酒井　ええ、霊言について対談をしているんですけど。

「X」守護霊　ああ。

酒井　その方は、霊言について、「『ある』とは言えない」「日本人のなかにある『人の気持ちを察する』という文化に近いんじゃないか」みたいなことを言っているんですけど。

「X」守護霊　ふーん。まあ、それはねえ、そういう言い方もあるけど。言葉を換《か》えれば、認めるよな。「啓示《けいじ》はありますか」とか、「霊示《れいじ》はありますか」って言ったら、それは認めざるをえないところがあると思うんだよ。

酒井　認めざるをえない？

「X」守護霊　宗教学者としては、それは、そうだろう。「霊言」っていうかたちになったら、ちょっと特殊《とくしゅ》性が出てくるからねえ。ただ、イタコさんだとかがやってるのと、君たちがやってるのとでは、やっぱり、規模感やスケール感や内容の広がりに、だいぶ差があるわね。

ああいう、ご先祖が出てくるとか、死んだお父さんが出てくるぐらいなら、まあ、嘘《うそ》か本当かは知らんけど、社会的に害悪もないし、影響力《えいきょうりょく》も大してないから。本人が納得《なっとく》して、つまり、金を出す人が納得して、涙《なみだ》を流して、「お父さん、会えてうれしいよ」ぐらいで済んだら、別に、それだけのことだから、どうってことないけどね。

でも、君たちは、本にして、日本中、世界中に出すじゃない？　それで、信じさせたり、大講演会をやったりするじゃない。

だから、影響力があるからさあ。政治家じゃないけど、「権力の座にある者は、チェックされないといかん」という意味においては、宗教であっても権力が発生したら、やっぱりいろいろと〝球《たま》〟を投げられて、どういうふうになるかを見られる義務はあるわね。

酒井　なるほど。

3　幸福の科学批判の裏にある「宗教学者のルサンチマン」とは

霊《れい》現象自体は認めているらしき「Ｘ」氏守護霊

酒井　ところで、あなたは、今、霊《れい》であることはご存じですか？

「Ｘ」守護霊　ん？　何？

酒井　守護霊さんですよねえ。

「Ｘ」守護霊　ああ、君ねえ、バカにしちゃいけないんだからなあ。

酒井　（笑）

「X」守護霊　私が、どこ出てると思ってんの？　〝本郷《ほんごう》大学〟の宗教学科だよ。

酒井　そうですよね。

「X」守護霊　バカにしちゃいけないよ。

酒井　霊言《れいげん》を認めるんですか。

「X」守護霊　いやあ、そういうものがあることは認めてるが……。

酒井　認めてる？

「X」守護霊　これが、本物かどうかについては、別の問題かなあ。「普遍《ふへん》」と「個別」は、別だ。

酒井　では、個別に行きましょう。
あなたは、霊であるっていうことは認識されていますか？

「X」守護霊　まあ、そうだろうねえ（笑）。

酒井　ああ、そうですか。

「X」守護霊　いちおう、そうだとは……。うーん。いちおう、大川隆法の人格ではないことは分かるから。そら、そうだろう。

酒井　なるほど。この間、立花隆《たちばなたかし》さんの守護霊を呼んだのですが……（注。二〇一四年九月十八日、立花隆氏守護霊の霊言を収録した）。

「Ｘ」守護霊　ああ、有名な方だからね。

酒井　呼んだというか、あちらから来たのですけれども……。

「Ｘ」守護霊　でも、宗教学者じゃないからねえ。どっちかっていやあ、「脳学者の偽者《にせもの》」だね。文学部なんだけどね。文学部を出てるんだけど、ちょっと脳学者みたいなことをやって、文系のくせに理系のところに踏《ふ》み込《こ》んで、無理してる感じはするわな。

酒井　なるほど。あの方（守護霊）は、「霊言は脳の働きだ」と言っていました。

「Ｘ」守護霊　いやあ、あの人は哲学《てつがく》もやったのかなあ。確か、哲学もやってるとは思うし、宗教も読んでいるとは思うんだけど。やっぱり、われわれは、フィールドワークをしてるからね。

宗教学者として、いろいろな宗教をフィールドワークしてるから、霊現象が起きるところは、いっぱい目撃《もくげき》してるから。

酒井　そうですか。

「X」守護霊　だから、そらあ否定しないよ。

酒井　否定しない？

「X」守護霊　霊現象自体は否定しない。ただ、それが本物かどうか、とか。一部、騙《だま》しのテクニックを使ってるところがあるのは事実だからね。詐欺《さぎ》とかね。だから、そのへんを見分けるのは、まだちょっと難しい。

「霊《れい》や神仏の存在を認めている」と明言する

酒井　あなたは、唯物論者《ゆいぶつろん》ではないのですか？

「X」守護霊　唯物論者じゃないですよ。

酒井　無神論ということもないんですか？

「X」守護霊　とんでもない、とんでもない。とんでもないですよ。

酒井　そうですか。

「X」守護霊　そんなことはありませんよ。そんな罰当《ばちあ》たりの人は、宗教学科に行くべきじゃないですよ。

酒井　ああ、そうなんですか。

「X」守護霊　うん。私は、そんなことないですよ。私は、キリスト教徒だったら、「敬虔《けいけん》なクリスチャンだ」と言いたいぐらいの気持ちは持ってる。

酒井　それは、昔からそうだったんですか？

「X」守護霊　いや、成績が悪いから、しかたなく行ったところもあるんだけど。

酒井　（笑）

「X」守護霊　まあ、文Ⅲは……、「進振《しんふ》り（進路振り分け）」っていうのがあってね、点数で行く学科が決まってるからね。どこも行けなかったら、最後、宗教学科になる場合があってなあ。

酒井　じゃあ、もともと信仰心《しんこうしん》があったから宗教学科を選んだのではなく……。

「X」守護霊　いや、まあ、そうではあるけど。

酒井　（笑）

「X」守護霊　そういう、何て言うか、自分の立身出世よりもだなあ、世のため、人のための学問を勉強したいっていう気持ちもあったかな。うーん。

酒井　そういうところはあったわけですね。

「X」守護霊　あったわけだな。うん、そうだ、そうだ、そうだ、そうだ。

酒井　では、そのころから、神仏《かみほとけ》を信じていたわけですか。

「X」守護霊　まあ、「信じていた」という言い方は単純すぎるので……。

酒井　いやいや、「信じる」って、単純じゃないですけど。

「X」守護霊　単純すぎて、ちょっと答え切れないけど。まったくそれが「妄想《もうそう》」とか、「空想」とかっていうんだったら、研究するのはさすがに寂《さみ》しいわなあ。

やっぱり、歴史的には「ある」と言われていたもので、「現在ただいまも、そういうものがあるかどうか」っていうことはあって。それが少しは世の中の役に立ったり、人生の職業として満足のいくようなものがあったりすればいいなあとは思ったわなあ、そらなあ。

酒井　そうすると、「あなたは霊《れい》とか神仏とかを認める」という前提でいいですか。

「X」守護霊　そらあ、あると思うよ。あるとは思うけど、個別の宗教に対して、それが正しいかどうかは別だね。

そこに出ている仏さんや、そこに出ている神様が本当かどうか。あるいは、そこで起きている霊現象が本物か、トリックでやっているか、っていうことは、別の判断だね。

酒井　そうですよね。

「X」守護霊　ただ、そういうものが存在するっていうこと自体は、否定しない。

なぜ、「X」氏にとって「善悪」というテーマが重要になってきたのか

酒井　たぶん、あなたの課題というか、テーマが、「善悪」っていうところに……。

「X」守護霊　ああ、「善悪」がテーマですか。ふーん。

酒井　いやいや、ある一定の時期から、それが重要なテーマになってきたと思うんですけど。

「X」守護霊　ああ、そうだな。結果的にはね。結果的にはそうだ。

酒井　何か善悪の基準っていうものが、宗教のなかにあるっていうのは……。

「X」守護霊　いや、いちおうね、私は今、「学者」の面もあるけど、「フリー」のところもあるから、ちょっと違《ちが》うんだけど。

まあ、自分らの先生に当たる人方《ひとがた》からは、「価値判断を中止せよ」っていうかね。エポケー（判断中止）かなんか知らんけど、要するに、「善悪とか、よしあしとかを言ったら宗教研究ができなくなるから」と。

酒井　はい、はい。

「X」守護霊　例えば、自分が立ってる立場として、家がクリスチャンで自分もクリスチャンだとか、浄土真宗《じょうどしんしゅう》だとか、いろいろあって、それからほかのものを価値判断するようにしたら、客観的な研究はできないからね。

いちおう、そういう自分の立場に立っての価値判断や、自分じゃないところも含《ふく》めて、法律とか道徳とか何でもいいですけど、いろいろなものから見ての価値判断みたいなものを安易に下《くだ》さないようにしよう、と。

やっぱりフィールドワークから見て、「現象学」のところは研究する。まあ、社会学の亜流《ありゅう》ではあるけれども、「現象学的に、どんなことをしてるか」っていうことを研究して、それを、みんなに分かるようにまとめて、研究というか、考え方の材料として、プロフェッショナルの意見を提示する。まあ、だいたい、このあたりでとどめようっていう学派ではあったわな。

ただ、まあ、私はちょっとだけ飛び越した。ちょっとだけ飛び越してしまった。

酒井　それは、例の「オウム」のときですか?

「X」守護霊　ああ、ちょっとだけ「善悪」を言ってしまった。ほかの学者は黙《だま》って言わなかったところを、ちょっとだけ言った。

酒井　そこは勇気を持ってやったんですね。

「X」守護霊　そのつもりだったんだけど、どうも「賭《か》け」に負けた部分もあったようであるので。

酒井　負けた……。

「X」守護霊　まあ、ラスベガスで負けて大損したようなもんだな。だから、一生分の借金を背負ったような感じにはなったわなあ。

酒井　そうですよね。今の朝日新聞ではないですけど、本来ならあそこで社会に対して、「宗教学とは、こういうものでした」という謝罪が、はっきりとされてもよかったのかもしれません。

幸福の科学に対する「ルサンチマン」があったことを認める

「X」守護霊　だけどねえ、たぶん大川さんは知ってると思うけども、私も含めて、ほかにもいたとは思うけども、私たちが幸福の科学に反発したり、批判したりしたのは、単に宗教としての善悪だけでないところでしていた面もあったので。

酒井　ああ、そうですか。

「X」守護霊　それは、ほかの一般《いっぱん》の人には、たぶん分からないと思うし、やや〝狭《せま》い戦い〟ですけど、やっぱり、「『赤門《あかもん》』のなかで、法学部みたいな、就職したら有利なところへ行っておいて、わざわざ私たちみたいな、腐《くさ》った畳《たたみ》をめくって中から出てくる虫を調べてるような職業をやってるところに入ってくるなよ」っていう感じがあったのは事実。

酒井　なるほど。

「X」守護霊　これは、私以外に、ほかの人も入れてね。

酒井　それは、あなたがたの世代だけではなくて、ほかの宗教学者も？

「X」守護霊　いや、ずっと年上の人とかは違うかもしれないけれども、だいたい同世代で学者をやってる仲間たちは、そういうふうに思ってる人が多かったとは思いますけどねえ。

酒井　なるほど。うーん。

「X」守護霊　だいたい、宗教を取材するときは、その善悪はあまり言わない。まあ、少し好意的な感じで寄っていかないと開けてくれないので、そのへんは、みんな上手にやってはいるんだけどね。

酒井　ある意味では、幸福の科学への反発が強かった?

「X」守護霊　個人的には、これは「反発」じゃなかったかもしれない。個人的には私自身の……。そうだねえ、今日の副題は厳しい副題だねえ。ニーチェっていう人は、「ルサンチマン」っていうのが中心なんですよ。

酒井　はい。

「X」守護霊　ルサンチマンって、「欲求不満や、世に対する恨《うら》みつらみみたいなのが固まったものをウワッと吐《は》き出して、ベッと出る」っていう、これがルサンチマンだけど、宗教学者のなかにも、そのルサンチマンはあるわけよ。
だから、〝表〟の社会で出世していったりできる人たちに対するあれは、あるわけよ。

酒井　なるほど。

「X」守護霊　同じく「赤門」をくぐっても、表社会で出世していくやつらに対するルサンチマンを、神仏《かみほとけ》の世界とか、そうした、蛆虫《うじむし》も一緒《いっしょ》に住んでるような「黄泉《よみ》の国」みたいなところとかまで研究することで、別の世界に逃《に》げ込んで、そういう気持ちを晴らしてるところがあるわけよ。

酒井　はい。

「X」守護霊　「そこに入ってこられた」っていうことに対する、「出ていけ、出ていけ運動」があったことはあるわな。

酒井　そういう運動があったということですか。

「X」守護霊　うんうん。「おまえらが来るところじゃない」っていうことを警告してたわけで……。

酒井　ああ……。

「X」守護霊　「間違うな」という……。

酒井　間違うな、と。

「X」守護霊　うん、うん。

インチキと知りつつオウムを擁護《ようご》した理由とは

酒井　そのルサンチマンを晴らしたのはいいのですけれども、「なぜ、そこで判断を見誤ったのか」というか……。

「X」守護霊　見誤ったわけじゃないんだ。知ってたのは知ってた。分かってはいたんだけどねえ……。

酒井　いやいやいや。違います。オウム真理教のほうです。

「X」守護霊　ああ、あっちか。いやあ、あそこには、嫉妬心《しっとしん》を感じなかったからねえ。だから……。

酒井　当時のご心境は、今とは違うかもしれないですけれども……。

「X」守護霊　ああ。

酒井　当時のご心境としては、嫉妬心を感じない宗教は、〝上から目線〟で見られるので、とりあえず。

「X」守護霊　まあ、そういうことだよ。〝下〟が欲《ほ》しいわね。だからさあ、（宗教学科は）今、東大の底辺だからね。「東京大学、一学年三千人いるなかで、底辺を支えてるのは、俺《おれ》たちだ」っていう自信があったからね。

酒井　なるほど。

「X」守護霊　これは、「ピタゴラスの定理」だっけ、何だったっけ？　ヘラクレス？　「梃子《てこ》の支点を与《あた》えれば、地球でも持ち上げてみせる」っていう……（注。実際はアルキメデスの言葉）。この梃子の支点の部分が、われわれなんだからな。

酒井　では、かわいい教え子のような感じの、そういう宗教は正しい。そして、オウムにもかかわらず……。

「X」守護霊　だから、麻原《あさはら》が駄目《だめ》なのは分かってたけどさあ。

酒井　え？　最初から分かっていたんですか。

「X」守護霊　あんなものは、インチキの……。

酒井　でも、インチキにしては、「朝まで生《なま》テレビ！」などに出ているのを、かなり擁護《ようご》していませんでしたか？

「X」守護霊　いや、それは、君らと違って、（オウムは）接待がよかったからね。君らは、〝門前払《もんぜんばら》い〟じゃん。あっちは接待がいいからね。

酒井　ということは、かなり……。

「X」守護霊　いや、向こうが利用しようとしてるのは分かったけど、利用されるにしても、やっぱり、気分っていうのがあるじゃない、ねえ？

「オウムは連合赤軍《せきぐん》と似ている」と語る「X」氏守護霊

酒井　「あそこまでひどいとは思わなかった」ということですか。

「X」守護霊　あの結末を見れば、さすがに、肯定《こうてい》する人はいないでしょ。私も、そこまでバカじゃないよ。

酒井　それに対する警告として、当時、私も、いろいろなところへ行って、ビラを撒《ま》いたりしてましたけれども……。

「X」守護霊　だから、逆に、「オウムに嫉妬しているんかいなあ」と……。

酒井　警告を発している幸福の科学を、あなたたちが、逆に「危ない」と言って、「オウムのほうが正しい」として……。

「X」守護霊　でも、たぶん、裏には……、まあ、今は、あんたがたも、政治運動でやってるんだろうけどさ。

酒井　はい。

「X」守護霊　やっぱり、裏には、「左翼《さよく》との対決」があったんじゃないかね。例えば、あのジャーナリストの田原総一朗《たはらそういちろう》とかはね、オウムを、極右《きょくう》のナチズムみたいなものにすり替《か》えて言おうとしたりしてたけど、（オウムは）どう見ても、極左だよね。

酒井　ええ。

「X」守護霊　一昔前の連合赤軍《せきぐん》ってあったじゃん。

酒井　そうですね。

「X」守護霊　あさま山荘《さんそう》事件？

酒井　はい、はい。

「X」守護霊　あれに似てるよな。

酒井　似ていますね。

「X」守護霊　似てるでしょ？　山に立て籠《こ》もって仲間を殺していくんでしょ？（注。実際は、「あさま山荘事件」は人質《ひとじち》立て籠もり事件であり、仲間同士のリンチ殺人は「山岳《さんがく》ベース事件（連合赤軍リンチ殺人事件）」）

オウムがやったものも、一緒じゃない？

酒井　そうですね。

「X」守護霊　だから、極左運動だよな。山のなかで〝平等社会〟をつくって、自分らだけ別世界で、そういう独立国みたいなのをつくってやる。極左運動だよね。

オウムの左翼《さよく》的行動に心情が通じていた当時の宗教学者

「X」守護霊　左翼《さよく》なんだけど、左翼と見られたくない人たちは、たくさんいるからね。「心情左翼」の人たちには、保守系の立場に立ってると思われる者に対する反発があったと思うね。これは、私以外の宗教学者でもね。たぶん、中沢《なかざわ》（新一《しんいち》）とか……。いやいやいや、名前を言ってはいけないわな。

酒井　（苦笑）

「X」守護霊　まあ、ほかの、某《ぼう》宗教学者……。

酒井　あなたは、中沢さんではないということは分かりました。

「X」守護霊　彼らは、「幸福の科学が保守系だ」と……。

酒井　はい。

「X」守護霊　法学部で保守系っていったらねえ、だいたい、みな〝出世組〟だよな。法学部でも左翼はいるよ。共産党に就職する人はいるからね。

酒井　うーん。

「X」守護霊　ただ、これは、どっちかといったら、法学部でも正統派ではないわなあ。

酒井　ええ。

「X」守護霊　だけど、「法学部で保守系」っていうのは、正統派だからね。はっきり言えば、優等生だよなあ。たぶんね。

そういうのに対して、宗教学界の流れ的にはね、左翼的な心情は、やっぱり、これは上から下まで……、まあ、宗教学者もピンからキリまであるけど、基本的には、みんな、「心情左翼」か、「本気の左翼」か、どっちかだと思うよ。

酒井　とすると、「当時から、すでに、左翼とのぶつかり合いは起きていた」という分析《ぶんせき》にはなっているのですか。

「X」守護霊　うーん、たぶん、そうじゃないかな。

オウムの行動は、実は、左翼的だったわね。実は、左翼的だったんだけど……。

酒井　では、心情的に……。

「X」守護霊　それで、そこのところが、やや通じたっていうの？

酒井　はい。

「X」守護霊　「正しいかどうか」っていうのではなくて、心情的なところが、少し通じて……。

酒井　なるほど。

「X」守護霊　まあ、確かに、あんたがたが言うように、幸福の科学は、オウムの批判をしてたけども、オウムも、まあ、教祖は、もう全然、問題外の盲《もう》学校の人だけども、周りには、理系中心だけど、東大のエリートもいたからね。

酒井　はい。

「X」守護霊　だから、弟子《でし》の学歴っていうだけだったら、オウムだって負けてないし、「（東大）理Ⅲとか、理工学部系の秀才《しゅうさい》がいるから、幸福の科学よりも高学歴かもしれない」みたいな感じで、競争をさせたりするようなことは……、まあ、「楯代《たてが》わりに持つ」みたいな感じで、「それを庇護《ひご》しているのが、われわれなんだ」みたいな感じの宗教学科卒の学者グループはいたことはいたわね。

だから、ちょっと、その「自分たちは劣等感《れっとうかん》を感じないけど、幸福の科学の敵みたいなのをつくることで、ルサンチマンを晴らせる」っていうかな。

酒井　なるほどねえ。

「X」守護霊　「どうだ？　法学部なんかじゃ、こんな汚《きたな》い世界に入れんだろうが。

〝田植え〟ができるのかあ？」みたいな感じの、そんな感じは、少しあったなあ。

酒井　なるほど。

「オウムと戦った幸福の科学」を正しく認識していない

酒井　ちょうど、あのころ、幸福の科学は、「正しい宗教と間違っている宗教がある」というように、「宗教の善悪」を唱え始めてはいたはずですから……（注。一九九〇年代前半期、幸福の科学では、『宗教の挑戦《ちょうせん》』『宗教選択《せんたく》の時代』『人生成功の秘策』等、宗教の善悪・正邪《せいじゃ》の見分け方などについて数多くの発信をしていた）。

「X」守護霊　うん、うん。

酒井　そのあたりは……。

「X」守護霊　あんたがたが有名になる前に、オウムのほうは、もう、「サンデー毎日」なんかでねえ、「人さらいをしているのではないか」っていうの？

酒井　はい。

「X」守護霊　「娘《むすめ》を返せ」「息子《むすこ》を返せ」ではないけど、「出ていった子供が、帰ってこない」っていうので、けっこう、話題にはなってて、週刊誌が追及《ついきゅう》してたわね。

酒井　そうですね。

「X」守護霊　そのうちに弁護士一家の失踪《しっそう》事件があってねえ。

酒井　はい。

「X」守護霊　「オウムが犯人ではないか」と疑われてたけど、「証拠《しょうこ》がない」っていうことで、向こうはしらを切ってたよね。

酒井　ええ。

「X」守護霊　そういう意味で、オウムの評価は、すごく下がっていて、警察のほうも捜査《そうさ》したけど、証拠がつかめなくて困ってるときに、幸福の科学が、グワッと宣伝して出てきた。それに釣《つ》り上がりして、何となく、「オウムだけ下げすぎたかな」みたいな感じで、一緒に上がったみたいなところがある。

だから、まあ、あんたがたも、少しは、やつらを持ち上げた原因の一つでもあるからね。それで、「その責任を感じて、批判してたんだろう」と、今は、そう思うけど……。

酒井　いや、それに関しては……。

「X」守護霊　当時は、そうじゃなくて、やっぱり、オウムが上がってきたので、「ちょっと嫉妬心みたいなものを持ってるのかな」みたいな感じで見ていた。向こうは、いちおう、チベット密教《みっきょう》とかの修行《しゅぎょう》も、まあ、かたちだけかもしれないけど、チベットとかインドとかにも行ってしてたようで、かたちはつくってたからね。証拠写真をつくったりしてたから。

そういうところで、私たちも、へそが曲がってたのかもしらんけど、（オウムに対して）そういう擁護する気持ちはあったはあったわねえ。

酒井　なるほどね。分かりました。

では、当時の話はここまでとして……。

「X」守護霊　まあ、それは、「悲劇の誕生」のへんだな。

4 現在の幸福の科学をどう見ているか

「X」氏守護霊から見た大川隆法と幸福の科学

酒井 （武田に）次は、最近のところについて、お願いします。

武田 霊言《れいげん》については、今、お話があったのですけれども、Xさんの研究……。

「X」守護霊 Xさんの、ね。

武田 ええ。Xさんの研究から、改めて、「最近の幸福の科学」を分析《ぶんせき》するとして、まず、大川総裁に関しては、現時点で、どのような評価をされていますでしょうか。

「X」守護霊　いやあ……。これは、ちょっと、もう……。ほんとに、赤門《あかもん》百数十年の歴史のなかでは、極《きわ》めて珍《めずら》しい人であることは、もう間違《まちが》いないと思う。

これは、「博物館入り」っていうか、「名誉《めいよ》何とか博物館の何とか入り」であることは間違いないと思う。そういうタイプの人だとは思う。

だけど、「それを最終的に、どういうふうに位置づけるか」っていうところは、まだ終わってないから分からないけどねえ。

いろいろな要素を持ってるよな。

確かに、宗教家としての要素も持ってるし、政治家的な面も持ってることは明らかだし、それから、財界人みたいな、経済人的な要素っていうか、経営者的な要素も持ってるよな。また、もう一つは、国際的な要素っていうか、国際方面にすごく強い要素も持ってるよねえ。

さらに、教育者の面も出てきたよな？　最近、教育者の面も出てきて、大学をつくろうとしたりしているから、いやあ、実に、〝タコ足配線型〟に発展をなされているので、「最終まで行けば、すごいことになるんじゃないかな」っていう気はしてますけどね。

よくここまで生き延び抜《ぬ》いたなあ。すごいねえ。

武田　その「珍しい」というのは、「多岐《たき》にわたって、教祖である総裁のいろいろな才能が発揮されている」というところが珍しいということですか。

「X」守護霊　というか、最初のころは、いろいろなことをやってるけど、私たちの知識で見ても、いろいろなものを、まねしてやってるように見えてた。

武田　はあ。

「X」守護霊　私の知識で見ても、ほかの宗教とか、ほかのものがやってるのをまねしてやってるように見えてた。

まねしてるだけで、「自分の独自性」っていうか、「オリジナリティー」が何もなくて、「まねして、食べていけるように、自分らで仕組みをつくってやってるんだなあ」

というふうに見てた。
宗教的には、オリジナリティーがないように見えてたけど、長らくやっていると、幹と枝がグワーッと張ってきて、それぞれが、まねしてたと思ってるところよりも大きくなっていった面があるので、これは、これなりに、また少し別な面が出てきたかなあっていう……。
つまり、最初は、「田んぼの稲《いね》」ぐらいに思ってた。「籾《もみ》を撒《ま》いて、稲がたくさん出る」というように思ってたのが、「意外に、大きな木みたいな感じで、枝を張って大きくなってきた」みたいな……、印象的には、そんな感じかなあ。

「ここまで来たら、成功してほしい」

武田　今、教えについてコメントしていただいていると思うのですが、宗教学のなかでは、やはり、「分析できる範囲《はんい》」というものが、決まっているのではないかと思うんですね。

「X」守護霊　うん。

武田　それは、伝統的な宗教の教えであるとか、活動形態であるとか、あるいは、文《ぶん》献《けん》的なものや経典《きょうてん》的なものの分析などですね。

「X」守護霊　うん。

武田　ただ、幸福の科学の場合は、本当に多岐にわたっているので、Xさんの正直な気持ちとして、「この内容を分析できているのかどうか」と……。

「X」守護霊　分析はね、できるだけ頑張《がんば》ったつもりなんだよね。私は、体験も取ってるからね。

武田　はい。

「Ｘ」守護霊　ただ本を読むだけでなくてね。普通《ふつう》、宗教学者は本を読んでるだけだけど、私の場合は、体験も通じてるからね。

いろいろとやり取りもしたし、おたくからは、まあ、訴《うった》えられもしたし（笑）、オウム絡《がら》みでは、そうとう、いろいろあったりもしたしね。

九〇年代の初めは、ＮＨＫなんかも、私を、だいぶ持ち上げてくれて、テレビに出してくれたりもしたりした。オウムをやってる灘高《なだこう》（出身）のやつの友達がＮＨＫにいたのもあって、便宜《べんぎ》を図《はか》ってくれたこともあったんですが、オウムに有利なことを言って、幸福の科学に不利なことを言ってたとは思いますけどね。

今のＮＨＫも、相変わらず、あんたがたの攻撃《こうげき》対象になってるようだから、たぶん、まだ、その左翼《さよく》体質のところをやってるだろうと思うけどねえ。

でも、大川さんは、なかなか「傑物《けつぶつ》」であると思いますよ。私は、それは認める。

武田　ええ。

「X」守護霊　これは傑物だわ。間違いなく傑物であることを認める。ここまで来たら、もう成功してほしいね。

武田　ああ、そうですか。

「X」守護霊　うん。正直言って、ここまで来たら、オウムみたいになってほしくない。ちゃんと成功してほしい。

そうしないと、宗教学界自体がなくなってしまう恐《おそ》れがあるので……。

武田　はあ。

「X」守護霊　全部悪かったら、宗教は、もう要《い》らないわね。だから、ここまで来たら、成功してほしいなあ。

幸福の科学の「成功」を他宗教と比べて見る

武田　Xさんがおっしゃる、その「成功」とは、どういう成功なのでしょうか。

「X」守護霊　宗教として、日本で大を成して、国際的にも認められる宗教を目指してるんでしょう?

武田　はい。

「X」守護霊　認められるといいなあと思ってますよ。
学校も、中高を二つもつくって……、まあ、政党のほうは、今のところ、あんまり成功してないようだけど……。
だけど、学校を二つ軌道《きどう》に乗せて、今、大学にもかかってるところなんでしょう? やっぱり、これを客観的に見れば、「戦後の宗教」としては、今、そうとうのところまで攻《せ》めてきてることは間違いない。まあ、宗教だから、細《こま》かい具体的なことは、秘密が多くて分からないところもあるけど、客観的には、そうとうなところまで来てるよな。やっぱり、ほかの宗教にできないことは、はっきりあるからね。できないものはできないからね。

従来は、「創価学会《そうかがっかい》がいちばん多くて、次は立正佼成会《りっしょうこうせいかい》で、その次が霊友会《れいゆうかい》ぐらいで……」っていうぐらいの序列で、「その次が天理教《てんりきょう》ぐらいで……」っていう感じだったと思うんだけども、立正佼成会でも、大学はつくれないからね。中高ぐらいまではあると思うけど、大学はつくれないでいるしね。

創価ったって、あそこも、八十年はたってますからね。そうは言っても、時間がたってますからねえ。

だから、やっぱり、初代でそこまで行くっていうのは、そうとうなものだし、（幸福の科学が）始まったころは、「生長《せいちょう》の家《いえ》のほうが先に進んでる、大きな教団だ」とわれわれも思ってたけども、どう見ても、すでに、生長の家より活動規模は大きいわね。

そういう意味では、やっぱり、一代でそこまで来るっていうのは……、まあ、あそこも、昭和五年立宗《りっしゅう》だからさ。昭和五年立宗だったら、もう、八十四年ぐらいはたったかな。八十四、五年たってるでしょうからね。それを、一代で追い越《こ》していくっていうのは、やっぱり、すごいよね。

それで、私より年下だからねえ。それは、すごいと思う。やっぱり、さすがやなあ。

武田　うーん。

「X」守護霊　さすがやなあと思ってる。

武田　「戦後、ここまで成長・発展した宗教はない」と思うのですけれども。

「X」守護霊　いや、そうでしょうね。まあ、その速度というか、才能はすごいと思うし、私らが、最初、「（大川隆法が）宗教に入ってきていいんか」っていうように思ったのは、決して全部間違ってるわけじゃなくて、「才能自体は、ほかでも発揮できる才能だ」と思ったのは、本当だったと思うのよ。

武田　はい。

「X」守護霊　だから、この人は、おそらく、経済人としてやったって成功してるし、政治なら政治で、最初からそのつもりでやれば、ちゃんと行ったんじゃないかとは思うんだよね。

まあ、今からだと、ちょっと遅《おそ》いように思うので、もう、次の世代のことになるんだろうとは思うけどね。だけど、才能はいろいろ持ってたんじゃないかねえ。それは分かるよ。どれも、そんなに平凡《へいぼん》じゃない才能をね。

5 「幸福の科学大学」設立について意見を訊《き》く

幸福の科学への無理解を「宗教学者の責任」と捉《とら》える「X」氏守護霊

酒井　今、幸福の科学大学の設置認可申請《しんせい》に対して、大学審議会《しんぎかい》の審議が入っているのですけれども……。

「X」守護霊　ああ、そうですか。

酒井　主な論調としては、まずは、宗教アレルギーというか、〝新興宗教〟みたいに見てるような感じで、それ以上分からないので、かなりレッテルを貼られています。

「X」守護霊　うん。なるほどね。それはそうだ。だから、宗教学者が仕事してないんだよな、ちゃんとした。

酒井　はい。

「X」守護霊　それは、宗教学者がちゃんと仕事をすればいいんだよな、本当はね。

酒井　あなたは、今、ここに出ていて、本心から、大川総裁のことを評価されたわけですよね。

「X」守護霊　いやあ、そらあ、もう、足かけ二十五年ぐらい、お付き合いが……。

酒井　これについて、表面意識は、「いやあ、そんなこと、俺《おれ》は絶対言うわけがない」とか、そのようには、ならないですか?

「X」守護霊　うーん。いや、表面意識は……、でも、表面意識も、最近、ちょっと（同じようなことを）言い始めてるかもしれないね。

酒井　ああ、そうですか。まあ、あなたは潜在意識《せんざいいしき》（守護霊）なので、少し違《ちが》うのかもしれませんけれどもね。

「キリスト教の大学は、みんな布教《ふきょう》目的だよ」

酒井　大学設置に関する審議会のなかには、宗教系の大学の総長などもいまして……。

「X」守護霊　ああ、それは、いるでしょうねえ。

酒井　それは、キリスト教の大学なのですが、完全に、当会に対して、本当に……。

「X」守護霊　それはねえ、私たちが、九〇年代の初めに感じたものと同じものを感じてるはずですよ。

酒井　それは何ですか。

「X」守護霊　嫉妬《しっと》ですよ。

酒井　嫉妬ですか。

「X」守護霊　そらあ、嫉妬するよ。絶対しますよ。だって、キリスト教だって、どこだって、発展してるとこなんかないもの。

まあ、唯一《ゆいいつ》、ちょっと勢いがあるとしたら、統一教会《とういつきょうかい》が、少し、金集めとかではね。信者が増えてるようには見えないけど、金集めとかは、かなり、既成《きせい》のキリスト教に比べれば、派手にやってるわねえ。

酒井　うーん。ただ、その方々は、別に宗教学者ではないので……。

「X」守護霊　ああ、そうか。

酒井　大学の経営をしているわけですから、「大学という範疇《はんちゅう》のなかに、これを入れることは、学問的に許されない。これは学問ではない」ということで、「宗教の布教《ふきょう》は外でやっていろ」というような……。

「X」守護霊　いや、それは、でも、やっぱり、良心に誓《ちか》って考えるべきなんじゃないかなあ。キリスト自体がさ、イエス自体が、あんた、ユダヤ教から破門されてるようなもんだからねえ。でしょう?

酒井　はい。

「X」守護霊　認められずに処刑《しょけい》されたんでしょう？　罪人《ざいにん》でしょう？

酒井　はい。

「X」守護霊　つまり、〝麻原扱《あさはらあつか》い〟されたわけだからさあ、キリスト自体が。それを考えたら、やっぱり、それは、もうちょっと大人にならないといけないいんじゃないかなあ。

酒井　それと、「布教のための大学ではないか」というような……。

「X」守護霊　うーん。いや、自分らもそうなんじゃないの？（笑）どこもそうじゃん。

酒井　実は、その大学の創立者の伝記を読んでみたら、ストレートに言っていますね。

「その地域では、伝道しづらいので、学校をつくって伝道することにした。そういう精神で創立した」と。

「X」守護霊　そうだろう？　キリスト教は、街で人をつかまえて伝道したって、家に行ったたって、全然、相手にされないもの。

だから、たまに教会に迷い込《こ》むように、犬みたいに入ってくるやつ、そういう野良《のら》犬《いぬ》みたいに迷い込んでくる人と、あとは、大学に惹《ひ》かれて、なんか、「就職がいい」とか、「英語ができる」とか、だいたいそういうので、（手招きするしぐさをとりながら）「こっちへおいで、おいで」して、「偏差値《へんさち》、高いぞ」と言って入れて、なかで一生懸命《いっしょうけんめい》〝匂《にお》いがけ〟して、「何とか、クリスチャンにできないか」っていう……、百年間、この歴史よ。

酒井　そうですね。日本では、なかなか伝道する場所がないので、学校をつくって伝道したと……。

「X」守護霊　それに、左翼《さよく》になってるのも、けっこう多いしね。

酒井　まあ、そういうことで始まって、しかも、無理強《じ》いして、当時の官僚《かんりょう》でしょうか、認可する人に強硬《きょうこう》に迫《せま》って、すぐに認められたらしいんですね。「通常、認可に数年かかるものが、数カ月で通った」という、非常に異例のかたちで創立できたわけです。

「X」守護霊　うーん。

「幸福の科学は、だんだん、本物の宗教になってきた」

酒井　にもかかわらず、ギルドみたいな感じで、「おまえたちが入ってくるには、きちんと、これだけのことをせよ」というような、要するに、「宗教ではなくて学問にせよ」という……。

「X」守護霊　ああ、それはねえ、私は幸福の科学の研究をだいぶしてるから分かるけど、まあ、最初のころは、「浅い」と思ったよ。そりゃあ、宗教についての意見は、いろいろなものを、ちょっと、かじってやってるぐらいで、知識の寄せ集めをやってるとは思いましたけど、だんだん本物になってきたわねえ、やっぱり、やっているうちにねえ。

最初は、「信仰《しんこう》」も立ってなかったしね。信仰もなかったし、「病気治し」もしなかったしねえ。だから、「信仰からの伝道」も、最初は十分にできてなかった。伝道もできなかったよねえ。

まあ、献本《けんぽん》はいまだにやってるけど、せいぜい本をあげるぐらいが限度で、「教義は？」って言ったら、「本を読んでください」っていうだけの団体。これは、出版社であるか、なんか、経営でやってるレベルで、宗教を使って経営しているように見えた面はあったよ。

だけど、その後を見てたら、「だんだん、本物の宗教になろうと努力してきた」っていうのは、やっぱり分かるよ。努力したし、ときどき舵《かじ》も切って、危ないところは避《さ》けてきた部分も、やっぱりあるように思うよね。

「X」氏には衝撃《しょうげき》だった「幸福の科学学園中学・高校の認可」

酒井　では、「X」さんが思うに、「宗教の大学」というのは、どのような大学であれば、よろしいんでしょうか。

「X」守護霊　まあ、一つは、「建てたい」っていう場合は、やっぱり、「ほかの一般《いっぱん》の大学とか、ほかの宗教系大学に行ったら、信者がいじめられることもあるので、その信者たちのために、自分たちの信仰が保てる大学が欲《ほ》しい」っていうのは、一定の規模になったら、みんな、要求としては出てくるもんだよ。だけど、なかなか認められないよね。

だから、（幸福の科学学園）中・高がサッと認められたのでも、ちょっと不思議なぐらいですからね。

私なんかは……、ああ、こんなこと言ったら（私が誰か）バレるのかな？　まあ、「ヤマギシ会」とかいう、極《きわ》めてマイナーな、三重《みえ》県のほうかなんか、近畿《きんき》の山のなかの、共同生活をしている、コミューン（共同体）みたいな感じの、原始コミュニストの共産主義運動が宗教化したみたいなものの研究とかしてて、あそこも学校の申請はしてたけどね。

あれは県レベルだと思うけど……、県か市かはちょっと忘れたけど、県レベルだと思うけど、それでも、住民の反対で潰《つぶ》れて、学校はなかなか認めてくれなかったと思うんだよね。

やっぱり、山のなかで学校をつくられると怖《こわ》いよ。そこで、「もし、恐怖《きょうふ》の人体実験とか、恐怖の洗脳実験とかやられて、逃《に》げられないようにして監禁《かんきん》されたらどうなるか」って思ったら怖いじゃん？

酒井　そうですね。

「X」守護霊　おたくだって、(幸福の科学学園中学校・高等学校を)那須《なす》の山のなかの〝怖い〟ところにつくってるから、同じことをできなくはないわねえ。

だから、「そういうところにつくって、パッと認められた」っちゅうあたりは、ちょっと、やっぱり、私が研究してたところでもあるので、いちおう、衝撃《しょうげき》は衝撃だったね。あのスマートさは、びっくり。

そういう意味で、私が思ってた以上に、「いやあ、信用っていうのか、認められる速度が速いんだな」っていう感じはしました。

「X」氏を驚《おどろ》かせた「幸福の科学の宗教性の深まり」

酒井　幸福の科学の教義について、「宗教」と「学問」を分けるというのは、そう簡単にできるものではないと思うのですけれども、幸福の科学は教義自体に学問性があって、客観的であり、体系的であり……。

「X」守護霊　うーん、まあ、反対している方もいらっしゃるかもしれないし、また、私たちも、そうだったんかもしれないけども、大川隆法氏をちょっと甘《あま》く見たな。だから、東大を出たけど、あとは就職して、商社マンをやってたぐらいの人には、そんな宗教なんかできるはずがないと思ってたところはあって、やっぱり、そういう学問的な知性っていうか、能力かなあ……、ここまであるとは、ちょっと思ってなかった面はあったのでね。

だから、霊言《れいげん》あたりで出たじゃない？「あれも、本当にやってるか。あるいは、出てる本とかを読んで、それに似せてつくってるか。どっちかかなあ」とは、最初は思ったけど。

でも、内容的には浅くて、われわれは、みんな、だいたい分かるぐらいの範囲であったので、例えば、谷口雅春《たにぐちまさはる》であるとしたら、出てる本を読めば、あのぐらいの内容のものは書けんわけじゃないし、高橋信次《たかはししんじ》なんかだと、十何冊しか本がないからさ、もう、全教義は、すぐ分かっちゃうから、一カ月もあったら分かっちゃうから、そらあ、ある程度、そういう話し言葉で言やあ、霊言みたいにつくれるっていうぐらいのことは、分かるからね。

私たちだって、もう、「トライしようか」と思ったぐらいだから。「まねして、やってみようか。偽霊言《にせ》をつくってみようか」と思ったことも、誘惑《ゆうわく》としてはあったぐらいだし、つくれる実験をやったら、「そらあ、本物でない」っていうことになると思ったからね。

そういう意味で、最初は、そのぐらいの、借り物競争で、四百メートルを走ってるように見えたよ。だけど、年々、やっていくうちに、やっぱり、だんだん、宗教らしくなっていったわな。最初は、宗教っぽくなかった。まあ、(大川隆法が)会社のあれを、やっぱり受けてたからだと思うんだ。〝会社修行《しゅぎょう》〟をやってた部分もあって、宗教らしくなかったんだと思う、動きがね。

幸福の科学は、「すごく宗教らしくないから、そういうところがいい」という人が多かった。「宗教らしくないから、人気があって、入りやすい」っていう人が多くなって、「宗教らしくないから発展してた」というように、われわれは理解してた。「宗教らしいものは発展しないけど、宗教らしくないから発展してた」と思ったけど、次第《しだい》しだいに、そういうところが、本格的な宗教である、何十年もの、百年もの、あるいは、それ以上の古い宗教を追い越《こ》していく段階で、だんだんだんだん、宗教性を備えてき始めたんでね。やっぱり、このへんは、ちょっと驚《おどろ》いたところがある。

「X」氏守護霊が説く「宗教学が心の修養になる理由」とは

酒井　そのように、当会が、宗教性を備えてきたところと、かつ、大学にまで踏《ふ》み込もうとしているところについては、どのように評価されますか?

「X」守護霊　うーん。私の心境としては、嫉妬から始まってるからね。嫉妬とルサンチマンだから、そらあ、君たちが、「大きくなってる」とか、「金がある」とか、「信者が多い」とか、そんなのを認めたくない気持ちはある。

酒井　あっ、それは今もあるわけですね。

「X」守護霊　そら、誰《だれ》だってあるよ。みんなそうだよ。

酒井　今も認めたくないわけですね。

「X」守護霊　そんなもん、誰だって、人の成功がうれしい人なんか、いるわけないじゃん、世の中に。そら一緒《いっしょ》だよ。学者が……。

酒井　つまり、「宗教学」というのは、全然、心の修行にならないわけですね？

「X」守護霊　宗教学は、そらあ、貧乏人《びんぼうにん》の集まりみたいなもんですから。

酒井　心の修養にはならないのですか。

「X」守護霊　いや、あのねえ、なるんですよ。

酒井　どこが……。

「X」守護霊　もっと不幸な人をたくさん見ることができるから。宗教の世界では不幸な人がいっぱいいるから、そういう人たちを見てると「ああ、自分は恵《めぐ》まれてるんだなあ」と思って、心の安らぎを得ることができる。

酒井　（苦笑）それは、もっと別の職業にしたほうがいいんじゃないですか。

6　新興宗教への偏見《へんけん》をどう捉《とら》えるか

邪教《じゃきょう》と「幸福の科学」の違《ちが》いが分かるには中身の判定が必要

武田　それと、もし、「次なるオウム事件」が起こるようなときに、事前に警告を発することはできるのでしょうか。

「X」守護霊　あっ、そら無理だわ。

武田　やはり無理ですか。

「X」守護霊　ああ、やっぱり無理だと思う。分からん。

武田　お話を伺《うかが》っていると、やはり、心情的なものからの分析《ぶんせき》とか、目に見えるものの一部の部分からの分析ということになっていて、善悪の価値判断ができていないようですが。

「X」守護霊　いや、私だって、結局、オウムがああなったから、もう、あれは価値判断を変えようがないと思うけど、幸福の科学が九一年に流行《はや》ったあと、九二年に統《とう》一教会《いっきょうかい》が出てきて、ものすごいメディアのバッシングを受けて、「幸福の科学と統一教会が、そんなに違《ちが》う」っていうのが、やっぱり分からなくて……。

まあ、（幸福の科学も）バッシングを受けたようには見えたし、幸福の科学の出方は、「九一年にバッシングを受けた」とあなたがたは思ったかもしれないけど、人気もあったよ、やっぱりなあ。すごく人気もあったし、〝大ホームラン〟を打ったようにも見えたから、ほかの宗教が出てきたのは間違いないのでね。まねしようとして出てきたんだよ。

統一教会もオウムも、まねしようとして出てきて、法《ほう》の華三法行《はなさんぽうぎょう》とか、ワールドメイトとか、あんなのも、みんなそうだと思うけど、まねして出てきて有名になろうとしたんだろうけど、たいていバッシングされて撃《う》ち落とされているんだよねえ。

だから、「その違いのところを明確に説明する」っていうところが難しかったのはそうだし、統一教会の場合、特に、右翼《うよく》の傾向《けいこう》を持ってて、防共戦線みたいなのを張ってさ、共産主義撲滅《ぼくめつ》運動みたいなのをやって、自民党のほうへも、けっこう侵入《しんにゅう》してたよね。政治家のところに秘書で入ったり選挙の応援《おうえん》したりして、今、あなたがたが政治運動をやってるような、器用なことをやってたからね。

そういう意味で、どのへんがどう違うのかのところは、やっぱり、すごく分かりにくかったし、そらあ、キリスト教系のほうの大学か？　そのへんが、「統一教会と幸福の科学のどこが違うんだい」っていうような疑問を持つかもしれないっていうのは、いちおう分からないことはない。そらあ、社会的な活動現象だけを見たら、よく分からない部分がある。「中身のほうの判断・判定」が入らないと、やっぱり分からないわねえ。

「X」氏は、なぜオウム真理教に騙《だま》されたのか

酒井　それは、どのように判定するのですか。

「X」守護霊　だから、自分でも馬脚《ばきゃく》を露《あらわ》すところは、馬脚を露すよね。オウムだって、あんな立派な神殿《しんでん》をつくってると思ったら、まさか、張りぼてで、なんか、仏像とかいろいろつくって（笑）、その裏に、サリン、毒ガスの製造工場があったなんて、もう本当に、これ、「ルパン三世」のなんか、ああいう、政府転覆《てんぷく》を狙《ねら》う秘密結社のマンガかなんかの読みすぎみたいな……。

酒井　そのようなことは、彼らに会った瞬間《しゅんかん》に、「この人たち、変だな」と、普通《ふつう》、分かりますよね？

「X」守護霊　いやあ、それがねえ、ごめんよ。それが分かんないのよ、もう。ああ、

ごめんなさい。いやあ、（彼らは）持ち上げるのがうまいんだよ、それなりに。

酒井　いや、持ち上げるのがうまかったとしても……。

「X」守護霊　宗教学者は、そんなに、いい待遇《たいぐう》を受けることは、めったにないからね。持ち上げられると、やっぱり、ちょっと気分よくなるじゃないですか。

それが一つと、「あそこまで、確信的に嘘《うそ》が言える」っていうか、「本心を隠《かく》して、逆のことが言える」っていうのは、この世では、もう、まれに見る〝種族〟だよな。普通、会社へ勤めてても、あそこまで……。

まあ、建前って、みなあるけどね。会社が、いい会社のように見せる建前はあるけども、やくざが、そらあ、お金をもぎ取るのに、水商売みたいな、いい格好で客を呼んどいて、あとでワッともぎ取るってなると、それは、すぐ結論が出るじゃない。

それを長期間にわたって、そういうふうに見せられて、それで、自分らがやった悪事について、「やってない」と、一貫《いっかん》して否定し続けるっていうの？　やっぱり、あのへんに、私だけじゃなくて、田原総一朗《たはらそういちろう》とか、みんな騙《だま》されたじゃない。ねえ?

「X」氏のオウム擁護《ようご》で判明した「善悪を判定できない宗教学」

酒井　それは、「宗教を知らない人たち」という前提では、いいんですけれども、宗教学者が、それで本当にいいんでしょうか。

「X」守護霊　いや、宗教学者も、いちおうね、いろいろ調査してるけど、感じるところがあっても、そういう善悪はあんまり言わないように、みんな努力してるからね。

酒井　あなたの功績は、「善悪を言って、失敗した」というところだと思いますよ。やはり、「宗教学者がそれを分からず、何も言わずにただ存在している」というのは、よくないですよ。

「X」守護霊　うーん……。

酒井　まあ、あなたが判断に失敗したのはまずかったですけど、判断したことは勇気があることですよね。

マスコミに「善悪・倫理《りんり》」を問うた幸福の科学の「先見性」

「X」守護霊　マスコミのほうだってさあ、オウムと幸福の科学が「朝生《あさなま》」（「朝まで生テレビ！」）で討論したとき、「オウムのほうが優勢だった」なんていうことを言ってるような人も、かなりいましたからねえ。

酒井　うーん。そうですね。

「X」守護霊　だから、それは、「番組自体が、実際、本当は善悪を決められるような番組だったかどうか」の問題が、もう一つあったと思うんだよね。

酒井　その意味では、「宗教学者が善悪を決めている」というよりも、実は、「マスコミが善悪を決めている」というところが、かなり大きかったかもしれませんね。

「X」守護霊　そう、そう、そう。だから、あなたがたは、マスコミにも挑戦《ちょうせん》したじゃん。九一年の騒動《そうどう》も、講談社でしょう?「講談社フライデー事件」だけど、講談社の、やっぱり、倫理《りんり》を問うていたわね。あれは初めてだ。ある意味では、初めてなんでね。

酒井　うん。そうですね。

「X」守護霊　マスコミを「公害」と称《しょう》して、「精神的公害」と称して、攻《せ》めたわね。マスコミは、あのころは、もう威張《いば》り切ってましたからね。裁判官の代わりで、やってたからね。

酒井　そうですね。

「X」守護霊　今も、そのつもりかもしれないけど、弱ったわね、かなり。あれから見れば、そうとう弱ってきてはいるわね。それで、倒産《とうさん》の危機はみな、どこも抱《かか》えてるわねえ。

そういう意味では、すごい「先見性」はあったね。

酒井　はい。

「学問の自由」「信仰《しんこう》の自由」が排除《はいじょ》されている大学の現状

酒井　ただ、大学においても、八〇年代とか九〇年代の当時には、統一教会もあれば、当然、オウム真理教もあれば、いろいろな宗教が活動していたわけですよね。伝道をやっていました。

「X」守護霊　うん。うん、うん。

酒井　それが、今、現在の状況《じょうきょう》を見ると、「新宗教は、一切《いっさい》、駄目《だめ》」というのが、ありますよね。これは、価値判断ができないために。

「X」守護霊　それは、まあ、オウムのような、一回何か、そういう事件が起きたら、やっぱり大学は責任を問われるからね。

だから、大学も、本当にやりたいかどうかは知らんけど、父兄《ふけい》から責任を問われるし、もし、マスコミとかから叩《たた》かれたりすると、今はどこも経営が危ないからね。生徒が減ってるからね。

酒井　いや、これは、ある意味では、「学校内における、学問の自由のなかから、当然、新宗教みたいなものが、全部、取り除かれている」ということです。

「X」守護霊　だから、それを言うと、「宗教学が存在できるかどうか」の問題が出てくるからね。

酒井　そうです、そうです。

「X」守護霊　それは、実に、われわれの立場上、非常に問題はあるんですよ。

酒井　人間としての信仰《しんこう》の自由を行使して、友達に自分の宗教の話をしただけでも、学内伝道になりますからね。

「X」守護霊　うーん。

酒井　要するに、自分の最も大切な信条も、話すことはできないわけです。

「幸福の科学とオウム」への逆判断を反省する「X」氏守護霊

「X」守護霊　いや、いや、いや、いや、「それが最も大事だ」っていうことだったら、宗教学科だって、もうちょっと、尊敬されてるからね。

つまり、「宗教学科」っていうのが、大学のなかで存在するけど、学問として正規に認められていない。まあ、「ちょっと、付属みたいなもので、宗教なるものがあるから、いちおう、そういう〝地下生物〟を調べてるような（笑）、そんなようなものとして存在してる」っていうだけみたいだね。

酒井　うーん。「そのへんの価値判断をする」という考えは、宗教学には、ないのでしょうか。

「X」守護霊　だから、私が間違ったとしたらね、幸福の科学が暴《あば》れたように見えたときに、マスコミを嫌《いや》がったのは、「マスコミっていうのは、すべてを引っ剝《ぱ》がして、真実を暴《あば》くから、暴かれるのが嫌で、それで暴れてるんだろう」というように、私のほうが見てた。

けども、逆に、マスコミの暗部が暴かれるようなほうに、なんか、ちょっと持ってこられているので、「けっこう強いなあ」って……。意外に、この逆転劇は強くて、「マスコミに暴かれるから、暴れてるんだ」と思ってたけど、暴かれて困ったのはオウムのほうだった（笑）、実は。

実は、オウムのほうが、「完璧《かんぺき》な嘘を言ってたら、言い通せる」と思って、裁判なんかの黙秘権《もくひけん》か、刑事被告人《けいじひこくにん》なんかの黙秘権と一緒《いっしょ》かもしらんけど、完全にしらを切り続けてて、あんたらのほうが、隠しているものは少なかったっていう結果は出てるわね、ある意味でねえ。

外見が宗教らしく見えるほうが「本物」だと思ってしまう傾向《けいこう》

酒井　そうですよね。あの当時、（幸福の科学の職員の）服装としては、みんなスーツを着ていて、向こうは、何か修行《しゅぎょう》の……。

「X」守護霊　そうそう、そうそう。修行服を着てたから、いかにも本物らしいじゃない。ねえ。

だから、「宗教を研究している人だったら、そちらのほうが本物かなと思う」っていうのは、まあ……。

酒井　「そちらが本物で、スーツを着ている宗教家なんて、いかがわしい」と。

「X」守護霊　例えばさ、銀座《ぎんざ》の交差点で、「高野山《こうやさん》」と書いた〝あれ〟をぶら下げてさあ、それで編み笠《がさ》を被《かぶ》って、お布施《ふせ》を募《つの》ってる人がいるじゃないか。

酒井　ええ。

「X」守護霊　あれが、ちょっと、公衆トイレに入って変装して、泥棒《どろぼう》に化《ば》けて、宝石泥棒をして、それから、またまた坊《ぼう》さんに化けて、のうのうと帰ったりしたら、びっくりするでしょうねえ。

酒井　びっくりするでしょうね。

「X」守護霊　まあ、例えばの話だけどね。そういうところがあるわな。

酒井　隣《となり》でスーツを着た人が托鉢《たくはつ》していたら、誰《だれ》もお金を入れてくれない……。

「X」守護霊　誰も入れてくれない、だーれも入れてくれない（笑）。

酒井　（笑）

「X」守護霊　一人も入れてくれないよ、そんなの。お金なんかね。

酒井　「どちらが正しい宗教者だ」と聞いたら……。

「X」守護霊　分かんないよ。

酒井　（見た目からすれば）坊さんのほうでしょうね。

「X」守護霊　それは、もちろん、やっぱり、墨染《すみぞ》めの衣《ころも》を着ているほうが本物だと思うわな。

酒井　うーん。

「X」守護霊　「高野山」って書いてあったら、ますます、そうだと思うわなあ。だけど、もし、それが泥棒だった場合っていうのを考えたら、これは大変なことだ。騙されるよな。
だけど、いちおう、彼らは、そういうことをテクとして、ちゃんと知ってたっていうことやな。「宗教らしく見せたら、そう見える」っていうことは知ってたってことだろうなあ。

「幸福の科学の善悪」は分からないが、オウムのことは反省した

酒井　では、そうなりますと、過去の反省を踏《ふ》まえて、「幸福の科学の善悪」というのを、どう捉《とら》えますか。

「X」守護霊　いや、まだよく分かんないから、全部は言えない。「私がほめた場合には、あとでなんか悪いことが来る」っていう説が……。

酒井　そうなんですよね。

「X」守護霊　噂《うわさ》もあるから、

酒井　はい（笑）。

「X」守護霊　ほめたら、よくないことがある……。

酒井　（笑）

「X」守護霊　そういうことが起きるといけないから、ほめちゃ申し訳ない。むしろ、私はなんか、〝祟《たた》り神〟か〝疫病神《やくびょうがみ》〟らしくて、「私がほめたら、そのあとに、弾圧《だんあつ》を受けたり、取り潰《つぶ》しが起きたりする」っていうことがよくあるらしいので、まあ、あんまりほめたら危ないから、ほめないほうがいいんじゃないかなと思ったりしてるんだ。

酒井　ただ、あなたが価値判断したところで……。

「X」守護霊　信用する人がいない？

酒井　本質は変わらないんですよ。

「X」守護霊　ああ、本質は変わらない。

酒井　オウムをけなしたところで、ほめたところで、やはり、オウムは悪かったのです。また、幸福の科学も、ほめたところで、けなしたところで、幸福の科学は正当だったわけですよ。

「X」守護霊　うーん。だけど、そのへん〝あれ〟だよな。反省してないのはマスコミも一緒だからね。

酒井　うーん。

「X」守護霊　最近、朝日のミス報道を取り上げてるけどさ。「反省させろ」「謝罪させろ」って、ものすごい圧力がかかってやってるけど、反省しないことについては、マスコミは、みな一緒よね。どこも謝罪なんかしやしない。

酒井　あなたは反省をされたのですか。

「X」守護霊　いや、いちおうしたんだよ。いちおう懺悔《ざんげ》というふうにして、本を通して、オウムのほうを、もう一回、洗いざらい研究して、「自分がなぜ間違えたのか」っていうことについて、克明《こくめい》にいろいろと考えた、長い研究報告をして、それから、そういうのに関連したこともいっぱい書いて、再出発をしたつもりではあるんだけど、まだ、（自分は）鳥でも獣《けもの》でもないあたりのところにいることは事実だね。

「X」氏守護霊が考える「オウムの問題点」とは

酒井　では、「(オウム真理教の) 何が駄目か」というのは分かってきたのですか。

「X」守護霊　いや、分かってはいないのかもしれないけども、ただ、「犯罪として立件されたものまで、もはや擁護《ようご》するのは間違いだった」っていうことは分かるから、それについては撤回《てっかい》した。

だけど、宗教学科卒で、オウムにシンパシーを感じてた人はほかにもいたから、"友引《ともびき》"しようとして、ほかの宗教学者も引きずり込《こ》もうとしたけど、みんな逃《に》げるのがうまくって、うまくって、もう……。

酒井　ただ、宗教学者というのは、今もそうですが、価値中立でないといけないわけですよね?

「X」守護霊　ずるいねえ。あれは、確かに、営業停止にならないための方法だったんだねえ。

酒井　ずるいと思いますよ。

「X」守護霊　私も、そこまで読めなかったので……。

酒井　では、あなたは、自分の心には忠実だったわけですね？

「X」守護霊　うん、そうなんだよ。だから、薬品でも何でも、やっぱり、厚生労働省かなんかが認可を与《あた》えてる。いちおう検査して、「人体に有効で、害がない」と判断しなきゃ売れないじゃないですか。だから、いちおう、ああやって審査《しんさ》を受けるけど、宗教の場合は、認証だけ受けたら、あとは放置されてて、内容については言われないじゃないですか。

そういう意味で、この「善意であること」っていうか、「良心的にやってくれるであろう」っていうことについては、いちおう、「性善説」で成り立ってはいたのよ、宗教に関してはね。

そういうところがあったのに、徹底《てってい》的な悪意を持って、「ヒットラーの再来」を目指してたような人が出てきた。まあ、そこまでは行かなかったけどね、そういう人が出てきたっていうことが、やっぱり、大きな問題だった。

「オウムは国政に出たから問題が起きたのかなあ」と思ってた人がいたから、あんたがたが出たときも、「やっぱり、オウムと一緒なのかな」と思いましたけど、五年たっても、まだ、オウムみたいにならないから……。うーん、やっぱり、何がいちばん違うかって言ったら、これは、東大法学部の違いなんかねえ。

「宗教の善悪」がいまだに分からない「X」氏守護霊

酒井　ただ、「宗教の善悪」というのは、やはり、いまだに分からないのですか。

「X」守護霊　いや、難しいよ。やっぱり分からない。それについては、分からないところがどうしても残る。分からない。やっぱり、目に見えないものはあるし。

酒井　目に見えないものは信じるわけですよね？

「X」守護霊　うん？　どういうこと？

酒井　目に見えないものは信じていますか。

「X」守護霊　「ああいうものがある」ということは認めるけど。

酒井　「ある」ということは認める？

「X」守護霊　ただ、それが正しいかどうかについては、個別だから分からない。

「価値中立」のもとで「悪いものはない」と考えるのが宗教学者？

武田　そもそも、宗教が存在することを肯定《こうてい》されるんでしょうか。

「X」守護霊　うん、もともと肯定派ですよ。

武田　もともと肯定派なんですか。

「X」守護霊　うん、うん。宗教学者は、いちおう、もともと肯定派なんですよ、全員。

武田　はあ。

「X」守護霊　「価値中立」という名において、「悪いものはない」ということになってはいる。

武田　では、否定のために分析しているわけではないんですね。

「X」守護霊　うん、だから、本当の善悪で測ったら、もしかしたら、新宗教には、悪いものの数は多いかもしれない。おたくが言ってるようにね。

武田　ええ。

「X」守護霊　多いかもしれないけど、それだったら、やっぱり、ちょっと、業界上、問題がある。要するに、「築地《つきじ》の魚屋の半分以上は、腐《くさ》った魚を売ってます」みたいなことを認めたら、やっぱり、きついでしょう。まあ、例えばの話ね。

酒井　ただ、それに関しては、あなたがたが学者として本当の良心を持っていれば、

「駄目なものは駄目。いいものはいい」と……。

「X」守護霊　いやあ、そうは言っても、やっぱり、新宗教は〝厳しい〟ですよ。なかなかね。学問として、そう簡単には正当性は認められない。

オウムに対しては「現時点では否定だが、将来は分からない」

酒井　では、大学設置審議会もそうですが、あなた自身は、世の中の〝トレンド〟である、「既存《きぞん》の宗教はよい。旧《ふる》い宗教はよい。新しいのは駄目」という考えなのでしょうか。

「X」守護霊　私は、必ずしもそうは思ってないけどね。そう思ってる人が多いのは事実だけど。

だから、年数がたっておれば、風化してね、「いろいろと批判を受けたり、いろいろなものに叩かれたりしながら生き延びているものは、やっぱり、本物だったんだろう」っていうふうな〝あれ〟は、いちおう、あるんじゃないの。

だから、一向宗《いっこうしゅう》だって、まだ念仏宗《ねんぶつしゅう》でしょ？　念仏宗、浄土真宗《じょうどしんしゅう》系だって、あんな織田信長《おだのぶなが》とだって戦うようなのは、それはもう大変だよねえ。これで勝ったら、〝イスラム教の成立〟だよね。そうなっちゃうところでしょうが、それは大変だと思います。だから、オウムより、もっともっとすごいよね、あれね。何百万の大軍を率いるぐらいの勢力だったんでしょうから、すごいと思いますよ。

当時が今だったら、やっぱり、みんな、邪教《じゃきょう》だと思うでしょうね。だけど、生き延びてるっていうことから見たら、なかなか、そうでもなかったのかなあっていうところですよね。

そういう意味で、宗教にとっては、「生き残るかどうか」は大きくて、オウムも、今は百人や二百人の小さな団体になって、パラパラと生き延びてるから、これで、もし、将来、パウロみたいな人が出てきて、（教団を）大きくしたりするようなことがあったら、それは、引っ繰《く》り返らないわけでもないので。

酒井　ということは、あなたは、現在も、オウムに対してはシンパシーを感じていらっしゃるのですか。

「X」守護霊　いや、現時点は「否定」です。

酒井　現時点では？

「X」守護霊　現時点では否定的ですけど、宗教には、そういうところがあるから。もし、将来に、それを立て直すような力のある人が出てきた場合には、引っ繰り返すことがあるから。

「犯罪は時代によるから『絶対的な善悪』の判定は難しい」

酒井　では、あなたの感じからいくと、「犯罪を犯《おか》さなければよい」ということですか。

「X」守護霊　いや、犯罪だって、それは、その時代によるところもあるから。これについては、宗教学者はみんな知ってるんだけど、まあ、一般《いっぱん》には通じないからね。だから、イエスだって犯罪を犯したわけですよ。

酒井　ええ。「当時は」ですね。

「X」守護霊　あんたがたがよく言うソクラテスだって、犯罪を犯したわけですよ。

酒井　はい。そうですね。

「X」守護霊　だけど、今から見たら、その犯罪っていうのは、「犯罪を犯したと判定すること自体、その法律と裁判官、陪審員《ばいしんいん》等が間違ったのではないか」っていう考えでしょ？

酒井　はい。

「X」守護霊　そう考えなかったら、それは、「宗教が間違ってた、あるいは哲学《てつがく》が間違ってた」っていう考えしかないんだから、どっちかだよね。

だけど、長い間、そのソクラテスの教えが遺《のこ》り、イエスの教えが遺ってるから、やっぱり、私みたいに「激情に駆《か》られて悪口《わるぐち》を言った人が、当時の人たちの多数を占《し》めていたために、殺されたんだろう」と、みんなが思ってるわけだ。

だから、そういう意味で、「絶対的な善悪」を判定するのは、この世の人には難しい。

オウム事件に関しては「考えるほどに分からなくなる」

酒井　ただ、オウムの問題に関しては、仏教の流れだったわけではないですか。

「X」守護霊　うん、うん。まあ、そうだけど、でも、まあ……。

酒井　仏教の流れであって、それで、「不妄語《ふもうご》」の戒律《かいりつ》を犯しているわけですよね。それから、「不殺生《ふせっしょう》」も犯しています。

「X」守護霊　うん。まあ、そうだけど、ただ、イスラムにもタリバンがあるからねえ。ああいうのもあって……。

酒井　いや、ですが、「何の宗教に基《もと》づいているか」というと、彼らは、少なくとも、新しい宗教を興《おこ》したわけではなく、仏教に基づいて……。

「X」守護霊　まあ、それを言ったらさ、君らだって、「仏教をベースにしている」って言いながら、「集団的自衛権は容認する」だとか、「秘密保護法を容認する」だとか言って、安倍《あべ》路線に当たるタカ派路線みたいなのも応援してるようだから、法学や政治学系から見ても……、まあ、学者には左翼が多いからね。

その左翼の学者から見たら、彼らにとっては平和主義である「憲法九条を守る平和主義」に反するような、〝安倍ナチズム〟に協力してるようにも見えるところもあるからさ。やっぱり、「もしかしたら同根《どうこん》かもしらん」って思う。

酒井　それは、大局的なところではそうですが、オウムでは「人を殺していない」と言いながら殺していたり……。

「X」守護霊　でも、「戦争する」っていうことは、「殺すこと」だよ。

酒井　違う違う。オウムは、「人は殺していない」と言っていたにもかかわらず、殺していたわけですよ。

「X」守護霊　うんうん、まあ、そうだ。

酒井　こういうのとの違いですよ。もっとシンプルな問題なんですけど。

「X」守護霊　いや、でも、ジハードなんかやったら、神のためだったら殺しても構わないわけだから、これは説得できない……。

酒井　いやいや、だから、それは、「人間としてどうなのか」ということを考えるべきで、オウムは「ジハードだ」と嘘をついていますよ。

「X」守護霊　いや、まあ、イスラム教は〝あれ〟だったら、極端《きょくたん》に言うとすれば、ユダヤ教だったら、イエスを殺してるんだよ。

酒井　はい。

「X」守護霊　ねえ？　「殺すなかれ」というモーセの教えがユダヤ教にはあるよ。

酒井　はい。

「X」守護霊　「殺すなかれ」って教えがあるのに、イエスを殺してるのはなぜかっていうと……。

酒井　それは、いちおう、裁判にかかっていますから。

「X」守護霊　要するに、やっぱり、「神を冒瀆《ぼうとく》している者は殺されてもしょうがない」ということでしょう？　まあ、それがあるから。

酒井　だから、本当の宗教心から思っていたかどうかで……。

「X」守護霊　分かんないよ。本当を言うと、分からなくなるのよ。考えれば考えるほど、もうグチャグチャになって……。

酒井　それは、あなたの頭のなかではそうなんでしょうけど。

「X」守護霊　うーん、まあ、分かんないのよ。

酒井　分からないんですね。

「X」守護霊　いや、でも、山折哲雄《やまおりてつお》先生だって、オウム事件のときにバッシングを受けて、「三千年たったら分かりませんよ」って、いちおう言ってはいましたからね。

酒井　うーん。

「X」守護霊　彼だって、そらあ、オウム完全肯定ではないけど、「宗教っていうのはいいものだ」っていう基本的な考え方は持ってたから。ただ、麻原《あさはら》と対談したのが〝運の尽《つ》き〟で、そのあと、バッシングをずいぶん受けて苦しみましたからね。

「幸福の科学の総本山《そうほんざん》はオウムを手本にしたのではないか」との邪推《じゃすい》

酒井　話は少し変わりますが、さらに、もう一つあるのは、「功罪」の「罪《ざい》」のほうとして、やはり、あの事件のあと、宗教に対して、「新宗教はすべて駄目なのだ。悪いものなのだ」という流れに入っていったところです。

「X」守護霊　うーん、でも、どうやら幸福の科学も、確かに、九五年以降はしばらく身を潜《ひそ》めたのは事実かとは思うけど、その間に本山《ほんざん》をつくってたらしいから、なかなか巧妙《こうみょう》だなと思った。意外に、オウムを手本にしたんじゃないの。

酒井　していないです（苦笑）。

「X」守護霊　オウムが山のなかにいっぱいつくってたのを見て、つくりたくなったんじゃないの？

酒井　あ、そのように見ているんですか。

「X」守護霊　うーん、そうそうそう。

酒井　ああ……。

「X」守護霊　オウムが、山のなかに、要塞《ようさい》みたいなのをつくってたじゃない。

「ヤマギシ会」と「オウム」を原型に宗教を判断しているのか

酒井　では、やはり、あなたの原体験であるオウムは、判断基準の一つになっているわけですね。

「X」守護霊　いやあ、「ヤマギシ会」と「オウム」はね。

酒井　いちおう、「ヤマギシ会」と「オウム」という原型があって、あなたは、今も、そこから宗教を判断しているということですね？

「X」守護霊　うーん。ちょっと分からないけど、まあ、私たちのは、「フィールドワーク中心の宗教学」だから。要するに、カントやヘーゲルとか、そんな頭のいい人たちは、「価値判断中心」で、思弁的にだけ考えられるんだろうけど、われわれは、そんなに頭のいい種族じゃないから、やっぱり、フィールドワークしながら、いろいろ発見したり……。

酒井　ただ、あなたの経営能力、あるいは、宗教的素養、つまり、ある種の〝悟《さと》り〟

のようなものから判断できる宗教というのは、そんなに多くないですよね。

「X」守護霊　いや、でも、判断できるものも、けっこうあるよ。やっぱり、農家のおじさん、おばさんがつくったような宗教っていうのは、見たらすぐ分かるよ。まあ、そういう人たちは超《こ》えてるよ。農家のおじさん、おばさんたちを超えてるよ、いちおうは。

酒井　つまりは、あなたの知性や悟性《ごせい》やらといったものの範囲《はんい》内でしか判定できないということですよね？

「X」守護霊　まあ、それはしょうがないじゃない。それは、みんな、人間そうなんだろうから。

酒井　うーん。

「X」守護霊　でも、そうは言っても、中沢《なかざわ》（新一《しんいち》）だって間違ったよね。中沢が書いた『虹《にじ》の階梯《かいてい》』が、オウムの〝教科書〟だったんだからさあ。あれについては何も責任を取ってないから、あれはひでえや。中央大学をクビにもなってないしな。あれは不公平だよなあ。俺《おれ》は日本大学……、あ、いやいやいやいや。

酒井　（笑）

「X」守護霊　ああ、私は、いやいや、いやいや。私は、まあ、あのー……、うーん、あのあと、大学を追放された経験が……。

酒井　日本女子大学ですかね？

「X」守護霊　あ、いやあ、いやいやいや。駄目、駄目、駄目、駄目、駄目、駄目だ

（顔を左右に振《ふ》る）（会場笑）。ちょっと、これは言っちゃいけない。タブー。

武田　「X」ですね。

「X」守護霊　タブー、「X」。今日は「X」なんだから。

7 「X」氏の死後の運命を予測する

「死後、天国と地獄《じごく》のどちらに行くか」を自己判定する

酒井 （転法輪に）何か宗教的な質問はありませんか。

転法輪 では、Xさんは、死んだら天国に還《かえ》れそうですか。

「X」守護霊 うーん、まあ、それはねえ、微妙《びみょう》なんだよ。微妙だと思っている。自分でも。

転法輪 では、もし地獄《じごく》だったら、どうされますか。

「X」守護霊　なんか、あんたがたの意見によれば、われわれの恩師も地獄に堕《お》ちとるということであるね（注。宗教学者・岸本英夫《きしもとひでお》は死後地獄に堕ちていることが判明した。『悲劇としての宗教学』〔幸福の科学出版刊〕参照）。

最近の衝撃波《しょうげきは》としてはねえ、「宗教学者の中村元《なかむらはじめ》・大博士が無間《むけん》地獄に堕ちている」っていうことを、堂々と発表されたよな（『仏教学から観《み》た「幸福の科学」分析《ぶんせき》』〔幸福の科学出版刊〕参照）。勇気がある。あんたがたも勇気があるなあとは思うけどさあ。世界的権威《けんい》だよ？　あれを裁けたからねえ。

まあ、言えば、仏教学者としては、〝最高裁の長官〟みたいな人だから。「最高裁の長官が地獄に堕ちる」と言ったようなものだからね。

あの衝撃は、けっこう走ってるわけで、「あのあたりが地獄に堕ちたら、われわれが存在する場所はどこにあるんだろうか。裏宇宙かどっかに行くしか、もうないかもしらん」っていう感じは、やっぱり、あるわねえ。

だから、中村元が地獄に行くんなら、私らも、そら、公平なお裁きから言えば、地獄だろうね。そら、そうなるから。

まあ、ちょっと、あれは、どうにかならないかなあ。さすがに、もう、ものすごい偉《えら》い人よ、私らから見りゃ。一万倍ぐらい偉い人なんで。これが地獄なのお? きついねえ。それはきついよお。何でえ?

「価値判断しない」ということが宗教学者の条件?

転法輪　Xさんは、何か宗教を信じてはいないのですか? ただ、いろいろな宗教を分析しているだけなのですか?

「X」守護霊　うん。「価値判断しない。特定の宗教に入《い》れ込《こ》まない」ということが、宗教学者の条件なの。

例えば、医者が、「善人か悪人か」「金持ちか、金持ちでない貧乏人《びんぼうにん》か」ということによって、手術のときに「手を緩《ゆる》める」とか、「助けない」とか決めたらいけない。倫理的《りんり》にはそうでしょ? この人は、たとえマフィアのゴッドファーザーが撃《う》たれて運び込まれてきても、全力を尽《つ》くして生きられるようにする。「こいつはゴッドファーザーだから、死なしたろう」と思って、あとでゆっくりと手術して、「ああ、死んでしまいました」っていうふうに、倫理判断を加えないのが医者じゃない？

そういう意味で、われわれも医者と一緒《いっしょ》で、いちおう善悪を加えないで、宗教を公平に〝解剖《かいぼう》〟しようとしてはいるから、それが全部間違《まちが》いとは言えない。

医者に、善悪とか、金持ちかどうかとか、そんなんでやってほしい？　できないでしょ？　いちおう、それで許されてるでしょ？　だから、論理で言えば、われわれが宗教にあんまり善悪をつけずに、客観的に公平に探究しようとすること自体は、「悪い」とは言えないんだと思うんだけどね。

幸福の科学を認めつつも、「道のりはかなり遠い」と語る

転法輪　でも、探究した結果、結局、「本当にどれが正しいのか。どれが素晴《すば》らしいのか」ということには、まだ辿《たど》り着けていないんですよね？

「X」守護霊　まあ、それはそうだけど。君らが三十年近く頑張《がんば》って、一定の地位と

勢力と、社会的認知を勝ち得ていることは、私は、ある程度、認めるけどね。

ただ、まだ、君らが言ってる最高の……、宗教の中心部分のエル・カンターレ？「エル・カンターレが、イエスの父であり、仏陀《ぶっだ》の本体であって、地球の最高神である」っていうのを世界の人に認めさせるには、まだ道のりはかなり遠いよ。それは多数決を取ったら、認めない人のほうが多いのは明らかで、九十九パーセントは認めないよ。

だから、その戦いはまだ延々と続くよ。「今、ある程度、認められている」ということと、「あんたがたの教義が最終的に認められる」ということは別の問題だよ。まだ、それは認められてないよ、はっきり言って。客観的に見たときは。まだ努力は要《い》るよ。もっと、もっと、もっと。

「宗教学者は地獄《じごく》も体験したほうがいい」と開き直る

転法輪　では、Xさん自身が……。

「X」守護霊　Xか。うん。

転法輪　自分が救われるためには、どうしたいですか。

「X」守護霊　いやあ、もう、私はねえ、今、親鸞《しんらん》の気分になってるのよ。「地獄《じごく》は一《いち》定《じょう》すみかぞかし」みたいな感じではないが、一回は住んでみないかんかなあ思ってる。一回は住んでみてもええか。「宗教学者としては、地獄も体験したほうがええのかなあ」っていう感じに開き直ってきたし、「ここまで来たら、もう、どうでもええわ」と思ってる。

生きてる間は、とにかく食べていかなきゃいけねえから、当然、何かするけど。まあ大病もしたしね。「もう、そんなに長生きしやしない」と思ってるんで、適当なときにお召《め》しが来るんじゃないの？　神様じゃなければ、悪魔《あくま》のほうから、お召しが来ると思うから。どうせ麻原《あさはら》あたりが死刑《しけい》になったら、取り憑《つ》いてきて、引きずり込んでくれるんじゃないの？

転法輪　それでいいんですか？

「X」守護霊　いや、知らん。

転法輪　（苦笑）

「X」守護霊　知らんけど、それが神様のお裁きならしょうがないじゃない。諦《あきら》めもあるよ、やっぱり。

転法輪　では、今世、それを変えて天国に行こうと思わないんですか？

「X」守護霊　いやあ、もう、そういうことは考えないことにしてる。考えたら切りがないから、もう考えないことにしてるけど、多少は「人間として善人になりたい」

という気持ちがないわけではないので、自分の判断で不当だったと思うところについて、今、修正を加えようとは思ってる。「オウムと幸福の科学は、全然違いますよ」ということは、今、申し上げているし、「大川さんは教祖としてはすごく勤勉に頑張っておられる」っていうことは認めているわけで。だから、「君らは、最終目標まではまだ遠いだろうな」と客観的に見てるけどね。

ほかの宗教学者が本心を語ってるのかどうか、私は全然知らないけど、島薗《しまぞの》さんだって、どんなふうにほんとは思ってんだか知らないけどさあ、複雑なんじゃないの？

そうは言ったって、彼だって実は複雑なんじゃないの？　宗教学者はそんなところがあるから。

昆虫《こんちゅう》学者は、昆虫に注射を打って殺して、ピンで留めるのが仕事だから、それをやってるけど、昆虫が肥大化して人間より大きくなったら、嫌《いや》だろう？　三メートルもある昆虫なんていたら、とんでもない〝化《ば》けもん〟だからね。

だから、（幸福の科学が）大きくなってきたので扱《あつか》いが難しいなと思ってるんじゃないの？

8 「0葬《ゼロそう》」を提唱することの危険性

「0葬《ゼロそう》」を提唱して葬式を否定した理由

武田　そういう気持ちのなかで、先般《せんぱん》、「0葬《ゼロそう》」を提唱されましたよね。「葬式は要《い》らない」と。

「X」守護霊　そこ来たか、そこ来たか、そこ来たか。

武田　これは大丈夫《だいじょうぶ》なのでしょうか。

「X」守護霊　いやあ、でも、土地問題から見ると、ちょっと難しいもんはあるからね。お墓っていうのは威張《いば》ってるけどさあ。墓地霊園《ぼちれいえん》とか。東京なんて、青山《あおやま》霊園、墓地とかあるけど、もう入れないじゃない。あんなのねえ。どうしようもないじゃない。そうはいってもしかたないところはあるわなあ。

武田　この趣旨《しゅし》は何なんですか。「伝統的な宗教に救済力はない」と言いたいのですか。

「X」守護霊　いやいや、君たちにとっては、必ずしも不利とは思ってないよ。伝統的宗教のほうが苦しい。最終的な防衛ラインはここだろ。「お墓を守ってるところは公益性がある」ということで保護されてるんだけど、「それが要らなくなる」っていうことであれば、伝統的宗教は（お寺を）一万から一万五千ぐらい持ってるところも多いけど、これが全部潰《つぶ》れていく流れになるわなあ。現代的には教えだけで戦ったら、伝統宗教は負けることになるから。

武田　ただ、葬式を否定することによって、宗教儀式《ぎしき》を否定することになれば、これは宗教心や信仰心《しんこうしん》、あるいは、「人間は死んだあと、霊になってあの世に還《かえ》る」ということ自体を否定することになりませんか。

「X」守護霊　だけどさあ、幸福の科学の勉強をしてる人なんかでも、「幸福の科学が葬式をやってる」っていうことなんて考えてもいない人がほとんどだよ。本を出して、出版でやってる宗教と思ってるから、幸福の科学がそんな葬式をやって弔《とむら》ってるなんて、みんな思ってないでしょ。九十何パーセントそうだよ。だから、君らは、そんな強調してないよ。

武田　実際のところ、当会では葬式（帰天式《きてんしき》）をきちんとやっています。

ただ、私が言いたいのは「葬式自体を否定する内容を本にして出す」ということは、その価値観を世に広めているわけですから、これは責任重大だと思うということです。

「X」守護霊　だけど、お墓を買えない人がいるのは事実だからさあ。それで罪悪感を持ってる人がいるから、その罪悪感のところをちょっと軽くしてやってもいい。インドを見れば、ガンジス川に（骨の）灰を撒《ま》いたりしてるから、その発想自体はあるんだ。

「あの世を信じていない既成《きせい》宗教の墓地《ぼち》は取っ払《ぱら》ったほうがいい」

酒井　その発想の原点に、「霊やあの世がない」という考えがあれば、まずいですよ。

「X」守護霊　いやあ、お釈迦《しゃか》様の目から見たって、「諸行無常《しょぎょうむじょう》」「諸法無我《しょうほうむが》」「涅槃寂静《ねはんじゃくじょう》」なんだから、この世のものに執着《しゅうちゃく》しちゃいけない。「骨に執着する」っていうのは、かなり日本的なところがあるのでね。

酒井　まあ、そうですが、それなら、そこをきっちりと言わないといけないのではないですか。「あの世はあるんだ」と。

「X」守護霊　お釈迦様は骨に執着しないよ、別にね。そのへんはね。

酒井　「あの世はあるから、この世に執着してはいけない」と言って、本人に死んだことを理解させなくてはいけないわけです。

「X」守護霊　「葬式が大事」っていう言い方もあるけどね。価値判断しないで言えば、そういうことだけど、あんたがたの意見を取り入れれば、「あの世を信じてない僧侶《そうりょ》が葬式をやったって、無価値だ」って言うんでしょ？　結局、そういう面もあるわけだからね。

酒井　ただ、もう一つあるのは、死んだ本人が「死んだ」と理解できるかどうかです。そこが重要なんです。

「X」守護霊　だけど、葬式をしても、迷ってるやつは迷って出てくるでしょ？　やっぱり。

酒井　それは、そうなんですけど。

「X」守護霊　だから、結局、思想的に分かってないんであって。

武田　ただ、「だから、葬式が要らない」というわけではないんじゃないですか？　その経験をして、旅立っていく人もいるわけですから。

「X」守護霊　うん。だけど、何て言うか、あの世を信じてない既成《きせい》宗教が、いろんな墓地《ぼち》だの、いろんな境内《けいだい》だの、敷地《しきち》をいっぱい持ってるのは申し訳ないじゃない。そういうのをちょっと取っ払《ぱら》って、国の財政赤字を埋《う》めるなり、君たちに寄付するなりしたほうがいいんじゃないか。

酒井　まあ、その話は分かりました。

9 「X」氏の意外に宗教的な過去世《かこぜ》が明らかになる

「江戸《えど》時代に瓦版《かわらばん》をつくり、幽霊話《ゆうれいばなし》を研究していた気がする」

酒井　先ほどの話の続きですが、あの世へ還《かえ》ったら、〝下の世界〟に行くかもしれない、地獄《じごく》に行くかもしれないと……。

「X」守護霊　まあ、君らの判断によれば、その可能性が高いね。

酒井　「君らの判断」ということは、あなたの判断は違《ちが》う？

「X」守護霊　分かんないもん。

酒井　分からない？

「X」守護霊　まあ、分かんない。ああそうか、俺《おれ》は霊《れい》だ。俺は霊だからして。明るいだろ、意外に明るい。意外に明るい。うん？

酒井　あなたは今、○○さん（うっかり、宗教学者Xの名前を出してしまう）……。

「X」守護霊　ああ!?　それは「X」（会場笑）。X、X、X……。

酒井　「Xさん本人」と思ってないんですよね？（笑）

「X」守護霊　そうだねえ、守護霊ということは認識しています。

酒井　Xさん本人とは思っていないですよね？（笑）

「X」守護霊　ええ。守護霊と認識しています。

酒井　ということは、Xさんとは〝別の存在〟であると？

「X」守護霊　うーん、別の存在……。

酒井　「同じ存在であるけれども、別の存在」です。

「X」守護霊　別……、いやあ、やっぱり、ここんところは、ちょっと分かりにくいからさあ。君ら、もうちょっと分かるようにしてよ。

酒井　守護霊さんである、あなた自身に別の人生があったわけですね？

「X」守護霊　まあ、そういう考えはあるなあ。

酒井　あなたが生まれてから、死ぬまでの人生を覚えていますか？

「X」守護霊　うーん……（約十五秒間の沈黙《ちんもく》）。なんだか、やっぱり記憶《きおく》がねえ。もう古くなると忘れるんだよなあ。

酒井　では、かなり昔の人なんですか。

「X」守護霊　うーん、思い出せないことが多くってねえ。なんかヒントがないとちょっと……。やっぱり……。

酒井　あなたの近くに来て、名前を呼ぶ人とかいませんか。あなたの名前を呼んでいるような人。Xさん以外の名前であなたを呼ぶような人。

「X」守護霊　うーん……。でも、なんかねえ。ちょっと関係するのは、昔の「絵草《えぞう》紙《し》」みたいなの。何て言うかなあ、印刷なんだろうけど、なんか文章と絵が重なってるような、そういうふうなもんでね。江戸《えど》時代に、（地上に）出てたよなあ。出すでしょ？　本とかいっぱいなあ。なんか、ああいうのに関係してたような気がする。

酒井　どんな絵というか、どんな分野ですか。

「X」守護霊　「幽霊話《ゆうれいばなし》」とか、そんなのをけっこう……。

酒井　幽霊話を書いてたんですか。

「X」守護霊　なんか瓦版《かわらばん》みたいなのをつくったり、研究したりしてたような気がするけどなあ（注。江戸時代中期から幽霊・妖怪《ようかい》ものが大流行し、歌舞伎《かぶき》の題材や博物学の研究対象となったほか、大衆向け娯楽本《ごらくぼん》である絵草子等も発行された）。

酒井　ああ、そうなんですか。なるほど。そういう仕事だったんですね？

「X」守護霊　うん、うん、うん。

一向一揆《いっこういっき》と関係して殺された在家《ざいけ》信者だった？

酒井　その前（の過去世）は、どうでしょう？

「X」守護霊　ちょっと記憶が悪くなって申し訳ないんだけど、うーん、その前ねえ……。なんか一向一揆《いっこういっき》で殺されたような気がするんだよ。

酒井　一向一揆で殺された？　先ほど、織田信長《おだのぶなが》とか出てきましたが。

「X」守護霊　そうそう。なんか武将たちに圧倒《あっとう》的な武力で殺されたような……。

酒井　どの辺りの土地だったんですか。

「X」守護霊　だから、信者だったんじゃないかなあ……。

酒井　それは、北陸の辺りですか。

「X」守護霊　ううーん……。なんか伊勢長島《いせながしま》（現在の三重《みえ》県）の辺りだったような……。

酒井　ああ。伊勢長島ですか。

「X」守護霊　あの辺りの合戦《かっせん》かなんかでやられたような気が……。

酒井　そのときは、在家《ざいけ》だったのですか。出家《しゅっけ》だったのですか。

「X」守護霊　いや、信者。僧侶《そうりょ》じゃなかった。信者で、農村の庄屋《しょうや》みたいな感じかなあ。そんなような……。まあ、在家の信者仲間をまとめるような仕事をしてたような気がする。

酒井　宗教的だったんですね？

「X」守護霊　うーん。

「聖徳太子《しょうとくたいし》の時代にお寺と関係があった気がする」

酒井　それが戦国時代のあたりだとすると、もう少し前に遡《さかのぼ》ってもらえませんかね？

「X」守護霊　うーん……。なんか、日本神道《しんとう》系だと思うけど、角髪《みずら》に結《ゆ》ったような髪《かみ》をして、貫頭衣《かんとうい》を着ているような感じの姿が見えることは見えるので……。なんか聖徳太子《しょうとくたいし》さんに関係するお寺に関係があると思われるね。聖徳太子さんがお寺を建てたりしたんじゃないか。

酒井　法隆寺《ほうりゅうじ》の辺りですか。

「X」守護霊　その辺りになんか関係がある。

酒井　何をしていましたか。

「X」守護霊　うーん、近いところにいるけれど、ちょっと……。

酒井　お坊《ぼう》さん？

「X」守護霊　坊さんと神主《かんぬし》が、何だか妙《みょう》にはっきり分からない関係……。ああ、もしかしたら、これは貴族なのかな？　ああそうか、貴族なのかもしれない。こんな格好をしてたような。

酒井　お坊さんではないですね？

「X」守護霊　だけど、お寺には関係があったような気はする。だから、何か出入りをしてたんかなあ。

酒井　「お経《きょう》をまとめていた」とか、そういう……。

「X」守護霊　聖徳太子みたいに偉《えら》い人じゃないよ。でも、確かに関係がある……。

聖徳太子さんに関係があるお寺に関係がある。何かの役人なのかなあ。ちょっと分からないけど、何か……。

酒井　宗教的ですね。今回、偶然《ぐうぜん》に宗教学科に行ったわけではないんですね？

「X」守護霊　だから、好きは好きなんだと思うんですよ。

仏教伝来以前に伊勢神宮《いせじんぐう》で「禰宜《ねぎ》」をしていた？

酒井　今回、本人は何かをしようと思ってこの世に出てきたと思います。あなたは守護霊であったはずですから、本人が何を目標として生まれてきたか、分かりますか？

「X」守護霊　うーん……。（約五秒間の沈黙）

（頬《ほほ》をふくらませて口を尖《とが》らせながら）大量に高学歴の人をつくる時代に生まれたんで。まあ、職業も変わってるし、そこまで決定してたかどうかは、よくは分からないんだけど。うーん、分かんない。
まあ、宗教に全然縁《えん》がないわけではないけど、君たちが言うような、偉い名前がある人ではないと思う。

酒井 「何をしたかったのか」というレベルで言うと、どうでしょうか。生まれてくる前に、こういうことをしたかったとか、あるいは、何かカルマがあったとか……。

「X」守護霊 でも、「研究したり、本を書いたりはしたい」っていう気持ちはあったようには思うけどねえ。

酒井 それ以前の転生《てんしょう》では、（魂《たましい》の兄弟は）全員、天国に還《かえ》られていたんですか。

「X」守護霊 それは分からんなあ。

酒井　分からない？

「X」守護霊　それは、何とも……。

酒井　ご本人はどうですか。

「X」守護霊　うん？

酒井　今の守護霊様は、江戸時代の方になるんですかね？

「X」守護霊　今、しゃべってる私？

酒井　はい。

「X」守護霊　うーん……。（約五秒間の沈黙）（舌打ち）私は、もうちょっと古いかも……。

酒井　いつのときですか。聖徳太子のころですか。

「X」守護霊　いや、もっと古いかも。

酒井　もっと古い？　お釈迦《しゃか》様のころとか？

「X」守護霊　いや、そんなところまでは行かない。日本人だけど、もうちょっと古い。

酒井　卑弥呼《ひみこ》様の時代に出ていました？

「X」守護霊　うーん。仏教（伝来）以前で、日本神道の時代だと思うけど。えっと、何にいちばん近いかなあ。（約五秒間の沈黙）

うーん……。（約五秒間の沈黙）

いちおう、これは宗教なのかなあ。伊勢神宮《いせじんぐう》で何か袴《はかま》みたいなのをはいて歩いてる。

酒井　伊勢神宮にいたんですか。

「X」守護霊　だから、伊勢神宮の「禰宜《ねぎ》」かなあ。

酒井　ほお。

「X」守護霊　今だったら、お賽銭《さいせん》をもらいながら、くじとか、お守りとか売ってる人たちだろうけど。

酒井　なるほど。そのときは、お亡《な》くなりになってから、天国に行かれていますか？

「X」守護霊　うーん……。

酒井　ご本人だったのですから、分かりますよね？

「X」守護霊　日本神道には、「天国」っていうのはあるんかなあ。

酒井　では、地獄へ行ったかどうかは分かります？

「X」守護霊　まあ、退屈《たいくつ》な仕事をしてたから、地獄へ行くこともなかろうとは思うんだが。

酒井　（笑）では、今回は、かなりリスクを負った人生ではあったということですか。

「X」守護霊　いやあ、人のいいところもあるんだよ、意外に。

酒井　まあ、宗教的ですよね。

「X」守護霊　うーん。

過去世《かこぜ》で釈尊《しゃくそん》との縁《えん》はあるか

酒井　少し気になるのは、釈尊《しゃくそん》と何か縁《えん》がありますか。

「X」守護霊　釈迦……。そらあ、古いねえ。そこまで行ったら、かなり古くなるね。

（約十五秒間の沈黙）お釈迦様の時代まで行くと、かなり古いねえ……。

（約十秒間の沈黙）いやあ、ずばりはお釈迦さんの教団までは入ってないような気はするなあ。

酒井　当時、生まれていたかどうかは分かりますか。

「X」守護霊　うーん……。

酒井　分からないですか。

「X」守護霊　「六師外道《ろくしげどう》」って言って、幾《いく》つか教団はあったからねえ。

酒井　はい。

「X」守護霊　何らかの宗教修行《しゅぎょう》をしてたような気はするんだけど。

酒井　当時ですね。はい。

●六師外道　釈尊在世時、仏教と異なる見解を唱えていた六人の有力思想家で、プーラナ、ゴーサーラ、サンジャヤ、アジタ、パクダ、ヴァルダマーナのこと(『黄金の法』参照)。

「X」守護霊　お釈迦様のところではなかったような気はするなあ。

酒井　なるほど。六師外道のところですか。

「X」守護霊　うーん……。他の宗派だったんじゃないかなあ。

酒井　苦行《くぎょう》をしていたところとかですか。

「X」守護霊　うーん……。どっちかというと、お布施《ふせ》の争いをしてたほうかもしれない。

酒井　なるほど。

「X」守護霊　まあ、宗教に縁がないわけではないけど、そんなに著名な宗教家というほどではない。

「命あるかぎり、良心的に仕事をしていきたい」

酒井　ただ、今回はかなりリスクを負ってしまったということは事実なんですね。

「X」守護霊　うん。でも、今回はある意味では有名になった（笑）。なんか、怪我《けが》の功名《こうみょう》で有名にだけはなった。

酒井　守護霊様としては宗教心があるので、多少、良心の呵責《かしゃく》を感じているわけですか。

「X」守護霊　だから、逆だったらね、私が大川さんより後輩《こうはい》だったら、ちょっと違ったかなあと思うんだけど。

酒井　なるほど。少し巡《めぐ》り合わせが悪かったということですか。

「X」守護霊　ちょっと先に生まれたもんで、先輩風を吹《ふ》かしたかった面も多少はあったとは思うけどねえ。

いやあ、でも、「魂の大きな課題」は負ったよ。

酒井　そうですね。

「X」守護霊　これについては、命あるかぎり、できるだけ良心的に仕事をしていきたいとは思ってるけどねえ。

10　守護霊自身も、自分が守護霊であることを証明できない

裏表《うらおもて》があるかもしれないが、「信仰心《しんこうしん》がゼロ」というわけではない

「X」守護霊　今日は小林早賢《こばやしそうけん》（幸福の科学広報・危機管理担当副理事長）が出てこなかったなあ。あいつは逃《に》げた？

酒井　彼は、あなたのことを、「潜在《せんざい》意識的にはいいことを言いながら、表面意識はコロッと変わるような人間だから、信じてはいけない」と……。

「X」守護霊　いや、そういうところはあるよ。だけど、それは生きていくためにはしかたがないことだからね。

酒井　「だから、信じられない人間なんだ」みたいなことを言ってました。

「X」守護霊　いや、「信仰心《しんこうしん》がゼロ」っていうわけじゃあないんですよ。

ただ、宗教学というのをやって、いろいろな宗教をいっぱい見てるからさあ。

酒井　うーん。

「X」守護霊　やっぱり、それを比較《ひかく》して見てるからね。

あなたがたが言ってることが本当であれば、最終的に、ほかの宗教や仏教、キリスト教、イスラム教を超《こ》えていくぐらいの宗教まで行かなければ、本物じゃないでしょうから。

だから、それは確定するのに、本当は何百年かかるか、千年かかるか分からないことだからね。

酒井　そうですね。

「X」守護霊　最終的な判断までは、そんなすぐに出るかどうか分からないので、あとは好意を持つかどうかの問題だけど……。

いや、最初におたくの広報が〝嫌《いや》がらせ〟しないで、大川さんに取り持ってくれて、私に会わせてくれたりしたら、好意的な発言をしてたかもしれない。そうしたら私の人生が全然違《ちが》っていて、オウムのほうに引っ張られずに済んだかもしれないんですけどねえ。

酒井　（笑）それだけではないとは思いますけれども。

「X」守護霊　うーん。

酒井　分かりました。

ただ、「最後に、ご本人の表面意識がたぶん違うことを言うだろう」というのが、小林の考えなのです。

「X」守護霊　そんなことはないですよ。それは、小林さんが疑いすぎですよ。〝信仰心〟が足りないんじゃないですか。

酒井　あなたのほうが信仰心があるというのですか。

「X」守護霊　うーん、いやあ……。

酒井　人を信じると？

「X」守護霊　やっぱり、それは駄目《だめ》ですね。そこまで人を疑うようになったら、信仰者としては駄目なんじゃないですかねえ。

酒井　駄目ですか。

「X」守護霊　それは、もう駄目ですね。魂《たましい》にちょっと〝衰《おとろ》え〟を感じますねえ。

「守護霊」の定義を説明するのは、守護霊本人にも難しい

酒井　小林に対してはいいのですけれども、地上にいるXさんに対してはどうですか。「私は、あなたの守護霊です」というスタンスからお話しください。

「X」守護霊　うーん、「守護霊」の定義は、宗教学でよく分からないのでねえ。もうちょっと、理論的に説明してくださいよ。なんか、よく分からないんで。「別だけど一緒《いっしょ》だ」っていうのは、この世的にはそんなに通じないでしょ？

酒井　あなたの感じているとおりですけどね。

「X」守護霊　「別な人格なのに、同一人物だ」っていうのは、そんな簡単に通じないよね。だから、生きてる人間に理解させようというのは難しい。

まあ、「家族」という意味では、「ファミリーです」というのはありえるけど、ファミリーでも、お父さんとお母さんや兄弟は別だからね。「家族は一緒です」っていう言い方だったら分かるけど、「別の人間だけど、同じ人間です」という言い方というのは、理解がとっても難しいね。

いや、このへんについては考え方としては分かるんだ。宗教にはそういうのはいっぱいあるから、多少分からないわけではないんだけど、もうちょっと学問的、理論的に説明してくれるとありがたいですね。

酒井　それはぜひ、当会の本を読んでみてください。

「X」守護霊　お願いしたいし、はっきりしてもらいたい。宗教学のほうで、はっきりできてないので。

酒井　分かりました。

「X」守護霊　（転法輪に）せっかく、〝お嬢《じょう》さん〟がいらしたのに、座《すわ》ってるだけでは申し訳ない。

転法輪　いいえ。

「X」守護霊　なんか、〝尊いお言葉〟を……。

転法輪　いや、尊くはないですが（苦笑）。

先ほど、「学問的に守護霊というものを説明してほしい」とおっしゃっていましたが、あなた自身が霊《れい》であり、守護霊なんですから。

「X」守護霊　ああ、なるほど、なるほど。

転法輪　それを説明してほしいと言うのは……。

「X」守護霊　なるほど。

ただ、私が守護霊であることを証明するって難しいんです。結局は、あの世の人間であっても、守護霊であることを証明ができないんですよ。「呼ばれたから来た」っていう以外に、説明が何もないでしょう？

〝最寄《もよ》りの駅に降りた〟っていうだけかもしれないからねえ。「通過してたら、呼ばれたから降りてしまった」っていうだけかもしれないから。「このへんを通過してたら、死亡した霊が、『Xさんの守護霊』と呼ばれたので、『あっ、私ですか？』って来たかもしれない」と思われるじゃないですか。だから、証明のしようがないのよ。

ただ、「宗教学について、どうも関心がある人らしい」ぐらいのことは分かるよね？

だから、絞《しぼ》り込《こ》みとして、そうである可能性は一般《いっぱん》的に百分の一ぐらいなわけよ。

まあ、私はXについているから、そうでないかとは思ってるが、もしかしたら、憑《ひょう》依《い》霊《れい》の可能性もあるわけだからね。守護霊じゃなくて憑依霊かもしれないから、そのへんの区別がよく分からないので（笑）。

「X」氏が幼少のころ、守護霊としての仕事はあまりなかった

武田　ただ、小さいころからずっと今までついていらっしゃったんですか。どうなんですか。

「X」守護霊　あっ、そう来たか。なるほど！　そう来たかあ。「小さいころからずっとついていましたか？」か。なるほど、そういう見方があるわけだ。うーん……。

いや、このへんはよく分からないんで、もうちょっと説明をしていただきたい。大川さんが本を書くべきだよ。

武田　今の質問はどうなんですか。そうじゃないんですか。

「X」守護霊　いやあ、ちょっと考えてなかったの。

武田　いや、思い出していただければ……。

「X」守護霊　考えてなかったので。

でも、ついていても、小さいときはそんなに仕事がないからさあ。

武田　小さいころのXさんを知らないんですか。

「X」守護霊　いやあ、存在は知ってたけど、はっきり言って仕事はなかったわね。守護霊が算数を助けるとか、そんなの必要ないでしょ？

武田　見てはいたということですよね？

「X」守護霊　だから、思春期ごろからは必要になったかとは思うけど、それまでは親の仕事だったり、学校の先生の仕事だから。

宗教学をやるようになってからは、ちょっと手伝おうと思って、来てはいたけどね。

武田　やはり、「お手伝いをしたい」という気持ちがある存在ですよね？

「X」守護霊　うん、そう、そう。宗教学をやるようになったら手伝わなきゃいけないかなあとは思ってはきたけど、それまでは、そんなに密接というほどではなかった。ときどき来る〝親戚《しんせき》のおじさん〟みたいな感じだったかもしれない。

武田　本人が危険なときは、何か知らせようとかしましたか。

「X」守護霊　いや、そんなに親切でなかったかもしれん。

武田　あっ、なかったんですか。

「X」守護霊　うん。まあ、「生きとりゃいい」というぐらいのことかもしれない。

武田　（笑）なるほど。

教義をいくら分析《ぶんせき》しても、信じなければ分からないことがある

転法輪　幸福の科学の教えを分析《ぶんせき》するのではなくて、本当だと思って信じてみて、この世でお勉強していただくと、たぶん、もっと守護霊の存在とかも分かってこられるのではないかと思うのです。

「X」守護霊　うーん……。

転法輪　「ただ分析するだけではなくて、信じてみてほしい」というふうに思います。

「X」守護霊　まあ、守護霊が守護霊であることの説明はできないんだから、これは難しいですねえ。やっぱりこれは大変だわ。この世の人に説明するのは、無理は無理だよね。無理があるね。

だから、「縁故霊《えんこれい》」ぐらいに見とけば、まず外れないけどね。「なんか関係のあった霊」というのなら間違いないけど、守護霊であることの証明って、〝へその緒《お》〟みたいにつながってるのを見せるわけにいかんからさあ。確かにこれは難しいなあ。

江原《えはら》（啓之《ひろゆき》）氏とか、テレビに出ていろいろなことを言うとるんだけどさ、大川さんはそういうタイプでもないので、ちょっと分かんないけどね。

まあ、ほかのところよりも「守護霊」と言うところはあるけど、やっぱり理屈《りくつ》はもう一つよく分からない面がどうしてもあるので。

「生まれ変わり」と「守護霊の秘密」は、やっぱよく分からない部分がどうしてもあるな。これは私の任に負えないので、宗教家のほうの仕事だと思うから、ちょっと頑張《がんば》ってもらいたいですねえ。

そうすると、もしかして仏教の、あの説明が分かるかもしれない。

つまり、仏教には、「魂があるのかないのか」分からない部分があるのよ。生まれ変わりがあったら、「自我が存在する」っていうことになる。「無我《むが》」ということになったら、「魂がない」っていうことになって、今度は生まれ変わりの主体がいない。

生まれ変わりの主体がいたら、「我《が》がある」ということで、「我を滅《めっ》する」という釈《しゃ》迦《か》の教えに反するっていうことになる。

ただ、守護霊みたいに、「魂のきょうだい理論」のようなものがあって、「一人じゃないけど生まれ変わってくる」っていうことであれば、これも何となく分かるような感じはする。気持ち的には分かるんですよね。「自分じゃないけど、自分が生まれ変わってる」っていうんだったら、言っていることが分かるような気がする。

それで、「業《カルマ》だけは引き継《つ》ぐ」みたいなのは残って、次につなげていく。「前任者がやり残した〝宿題〟の部分は、次の者が背負って出てくる」というのは、私は意味的に何となく分かる。

酒井　では、非常に大きなその〝悟《さと》り〟を持って、今回のオウム事件での失敗を、今《こん》世《ぜ》で刈《か》り取っていただくのがいちばんいいですね。

「X」守護霊　まあ、そんなに嫌《きら》わないでよ。

酒井　いや、嫌ってないです。例えば、アングリマーラの例もありますから。

「X」守護霊　うーん。いや、そんなこと言わないで、「日本の〝パウロ〟になれ」って言ってちょうだいよ。

酒井　〝パウロ〟になることもできますから。

「X」守護霊　うん、できるかもしれない。

酒井　ええ。頑張ってください。

「X」守護霊　知名度だけあるから。知名度だけはね。

酒井　はい。ありがとうございました。

11 「X」氏守護霊の霊言《れいげん》を終えて

大川隆法 （軽く手を一回叩《たた》く）どうだったでしょうか。

酒井 うーん……。

大川隆法 年齢《ねんれい》がたった分だけ、やはり、少しは練《ね》れているのではないですか。予想どおり、風雪に耐《た》えて、だいぶ練れてきているのではないでしょうか。
まあ、苦労もされたのでしょう。

酒井 そうですね。

大川隆法　やはり、きつかったのでしょうね。本来ならば、今は存在していなかったでしょう。うーん。いやあ、これはそうとうだと思いますよ。

酒井　ええ……。オウムにお墨付《すみつ》きを与《あた》えてしまった感がありましたから。あれで被《ひ》害《がい》が出ていますのでね。

大川隆法　うーん……。それもあって、宗教学者はみな、余計に口を閉《と》ざすようになったわけです。コメントをして、もし何か出てきたときには責任を取らされますので。

酒井　はい、そうですね。

大川隆法　あのあと、犯罪者になった宗教家などが次々と出てきましたからね。だから、どこも怖《こわ》くなってきたのでしょう。

酒井　そうですね。

大川隆法　その意味では、この人は口を出すだけ勇気があるのかもしれません。何とか、今世《こんぜ》にて自力《じりき》「更生《こうせい》」なされることを祈《いの》りたいと思います。

酒井　そうですね……。はい。ありがとうございました。

あとがき

宗教学の研究では「価値中立」が求められる。しかし、世間の宗教学者への評価は、病名の診断できない医者と同じである。この辺の事情が本書ではよくわかる。

私自身は、日本に一本の精神的価値秩序を立てようとしているし、それが世界にも通じるようにしようとしている。

仕事がまだまだ足りないことも、同時併行型でやっているため、未熟な業務が大半であることも事実である。しかし先月末には、釈尊の生誕地とされる本家ネパールでも幸福の科学の大きな支部精舎が落慶し、有力者も帰依し、テレビでも放映された。ネパールやインド、スリランカ、タイなどの仏教国でも、フィリピンやブラジルのようなカトリック国でも、プロテスタントの多い欧米でも教えが広がっていることに喜びを覚えている。

わずかな努力の蓄積が、世界百カ国以上に福音を伝えられるようになったことを、歳月に感謝したいと思う今日、この頃である。

二〇一四年　九月二十三日

幸福《こうふく》の科学《かがく》グループ創始者兼総裁《そうししゃけんそうさい》　大川隆法《おおかわりゅうほう》

『宗教学者「X」の変心』大川隆法著作関連書籍

『宗教学者から観た「幸福の科学」』（幸福の科学出版刊）
『悲劇としての宗教学』（同右）
『仏教学から観た「幸福の科学」分析』（同右）
『宗教学から観た「幸福の科学」学・入門』（同右）

宗教学者《しゅうきょうがくしゃ》「X《エックス》」の変心《へんしん》

――「悲劇の誕生」から「善悪の彼岸」まで――

2014年9月25日　初版第1刷

著　者　　大《おお》　川《かわ》　隆《りゅう》　法《ほう》

発行所　　幸福の科学出版株式会社

〒107-0052 東京都港区赤坂2丁目10番14号
TEL(03)5573-7700
http://www.irhpress.co.jp/

印刷・製本　株式会社 東京研文社

落丁・乱丁本はおとりかえいたします

ISBN978-4-86395-562-2 C0014
写真：時事

大川隆法霊言シリーズ・宗教の違いを考える

悲劇としての宗教学

日本人の宗教不信の源流を探る

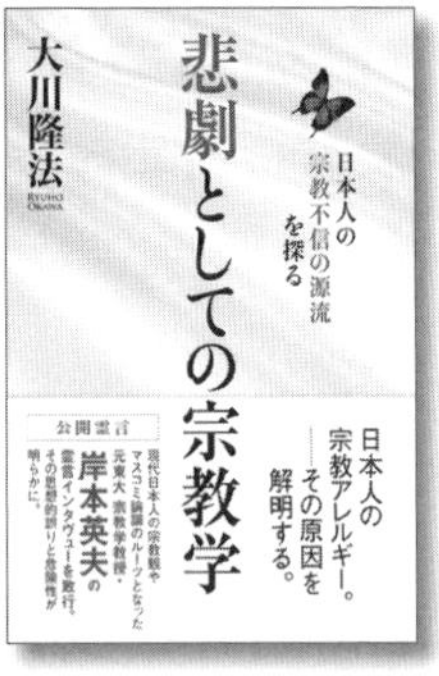

死後約50年を経ても、自身の死に気づかずに苦しむ宗教学者・岸本英夫氏。日本人の宗教に対する偏見の源流はどこにあるのかが明かされる。

1,400円

宗教決断の時代

目からウロコの宗教選び①

統一協会教祖・文鮮明(守護霊)、創価学会初代会長・牧口常三郎の霊言により、各教団の霊的真相などが明らかになる。

1,500円

宗教イノベーションの時代

目からウロコの宗教選び②

日本の新宗教のイメージをつくってきた立正佼成会創立者・庭野日敬、真如苑教祖・伊藤真乗、創価学会名誉会長・池田大作守護霊がその本心を語る。

1,700円

※表示価格は本体価格(税別)です。

大川隆法ベストセラーズ・幸福の科学「大学シリーズ」

宗教学から観た「幸福の科学」学・入門

立宗27年目の未来型宗教を分析する

幸福の科学とは、どんな宗教なのか。教義や活動の特徴とは？ 他の宗教との違いとは？ 総裁自らが、宗教学の見地から「幸福の科学」を分析する。

1,500円

仏教学から観た「幸福の科学」分析

東大名誉教授・中村元と仏教学者・渡辺照宏のパースペクティブ（視角）から

仏教は「無霊魂説」ではない！ 仏教学の権威 中村元氏の死後14年目の衝撃の真実と、渡辺照宏氏の天上界からのメッセージを収録。

1,500円

幸福の科学の基本教義とは何か

真理と信仰をめぐる幸福論

進化し続ける幸福の科学——本当の幸福とは何か。永遠の真理とは？ 信仰とは何なのか？ 総裁自らが説き明かす未来型宗教を知るためのヒント。

1,500円

比較宗教学から観た「幸福の科学」学・入門

性のタブーと結婚・出家制度

同性婚、代理出産、クローンなど、人類の新しい課題への答えとは？ 未来志向の「正しさ」を求めて、比較宗教学の視点から、仏陀の真意を検証する。

1,500円

幸福の科学出版

大川隆法ベストセラーズ・幸福の科学「大学シリーズ」

神秘学要論

「唯物論」の呪縛を超えて

神秘の世界を探究するなかに、人類の未来を拓く「鍵」がある。比類なき霊能力と知性が可能にした「新しき霊界思想」がここに！

1,500円

幸福学概論

個人の幸福から企業・組織の幸福、そして国家と世界の幸福まで、1600冊を超える著書で説かれた縦横無尽な「幸福論」のエッセンスがこの一冊に！

1,500円

宗教社会学概論

人生と死後の幸福学

なぜ民族紛争や宗教対立が生まれるのか？ 世界宗教や民族宗教の成り立ちから、教えの違い、そして、その奥にある「共通点」までを明らかにする。

1,500円

西田幾多郎の「善の研究」と幸福の科学の基本教学「幸福の原理」を対比する

既存の文献を研究するだけの学問は、もはや意味がない！ 独創的と言われる「西田哲学」を超える学問性を持った「大川隆法学」の原点がここに。

1,500円

※表示価格は本体価格（税別）です。

大川隆法 ベストセラーズ・大川隆法の魅力を探る

大川総裁の読書力

知的自己実現メソッド

区立図書館レベルの蔵書、時速2000ページを超える読書スピード――。1300冊を超える著作を生み出した驚異の知的生活とは。

1,400円

大川隆法の守護霊霊言

ユートピア実現への挑戦

あの世の存在証明による霊性革命、正論と神仏の正義による政治革命。幸福の科学グループ創始者兼総裁の本心が、ついに明かされる。

1,400円

政治革命家・大川隆法

幸福実現党の父

未来が見える。嘘をつかない。タブーに挑戦する――。政治の問題を鋭く指摘し、具体的な打開策を唱える幸福実現党の魅力が分かる万人必読の書。

1,400円

素顔の大川隆法

素朴な疑問からドキッとするテーマまで、女性編集長３人の質問に気さくに答えた、101分公開ロングインタビュー。大注目の宗教家が、その本音を明かす。

1,300円

幸福の科学出版

幸福の科学グループのご案内

宗教、教育、政治、出版などの活動を通じて、地球的ユートピアの実現を目指しています。

宗教法人　幸福の科学

一九八六年に立宗。一九九一年に宗教法人格を取得。信仰の対象は、地球系霊団の最高大霊、主エル・カンターレ。世界百カ国以上の国々に信者を持ち、全人類救済という尊い使命のもと、信者は、「愛」と「悟り」と「ユートピア建設」の教えの実践、伝道に励んでいます。

（二〇一四年九月現在）

愛

幸福の科学の「愛」とは、与える愛です。これは、仏教の慈悲《じひ》や布施《ふせ》の精神と同じことです。信者は、仏法真理をお伝えすることを通して、多くの方に幸福な人生を送っていただくための活動に励んでいます。

悟り

「悟り」とは、自らが仏の子であることを知るということです。教学《きょうがく》や精神統一によって心を磨き、智慧《ちえ》を得て悩みを解決すると共に、天使・菩薩《ぼさつ》の境地を目指し、より多くの人を救える力を身につけていきます。

ユートピア建設

私たち人間は、地上に理想世界を建設するという尊い使命を持って生まれてきています。社会の悪を押しとどめ、善を推し進めるために、信者はさまざまな活動に積極的に参加しています。

国内外の世界で貧困や災害、心の病で苦しんでいる人々に対しては、現地メンバーや支援団体と連携して、物心両面にわたり、あらゆる手段で手を差し伸べています。

年間約３万人の自殺者を減らすため、全国各地で街頭キャンペーンを展開しています。

公式サイト **www.withyou-hs.net**

ヘレン・ケラーを理想として活動する、ハンディキャップを持つ方とボランティアの会です。視聴覚障害者、肢体不自由な方々に仏法真理を学んでいただくための、さまざまなサポートをしています。

公式サイト **www.helen-hs.net**

INFORMATION

お近くの精舎・支部・拠点など、お問い合わせは、こちらまで！

幸福の科学サービスセンター

TEL. 03-5793-1727 （受付時間 火～金：10～20時／土・日：10～18時）

宗教法人 幸福の科学 公式サイト happy-science.jp

政治

幸福実現党

内《ない》憂《ゆう》外《がい》患《かん》の国難に立ち向かうべく、二〇〇九年五月に幸福実現党を立党しました。創立者である大川隆法党総裁の精神的指導のもと、宗教だけでは解決できない問題に取り組み、幸福を具体化するための力になっています。

党員の機関紙
「幸福実現NEWS」

TEL 03-6441-0754
公式サイト hr-party.jp

出版メディア事業

幸福の科学出版

大川隆法総裁の仏法真理の書を中心に、ビジネス、自己啓発、小説など、さまざまなジャンルの書籍・雑誌を出版しています。他にも、映画事業、文学・学術発展のための振興事業、テレビ・ラジオ番組の提供など、幸福の科学文化を広げる事業を行っています。

アー・ユー・ハッピー?
are-you-happy.com

ザ・リバティ
the-liberty.com

幸福の科学出版
TEL 03-5573-7700
公式サイト irhpress.co.jp

THE FACT

ザ・ファクト
マスコミが報道しない
「事実」を世界に伝える
ネット・オピニオン番組

Youtubeにて
随時好評配信中!

ザ・ファクト 検索

入会のご案内

あなたも、幸福の科学に集い、
ほんとうの幸福を
見つけてみませんか？

幸福の科学では、大川隆法総裁が説く仏法真理をもとに、
「どうすれば幸福になれるのか、また、
他の人を幸福にできるのか」を学び、実践しています。

入会

大川隆法総裁の教えを信じ、学ぼうとする方なら、どなたでも入会できます。入会された方には、『入会版「正心法語」』が授与されます。（入会の奉納は1,000円目安です）

ネットでも**入会**
できます。詳しくは、
下記URLへ。
happy-science.jp/joinus

三帰《さんき》誓願《せいがん》

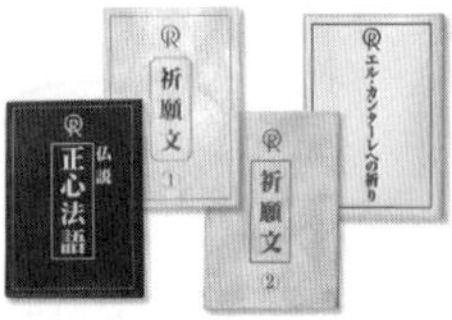

仏弟子としてさらに信仰を深めたい方は、仏・法・僧の三宝への帰依を誓う「三帰誓願式」を受けることができます。三帰誓願者には、『仏説・正心法語』『祈願文①』『祈願文②』『エル・カンターレへの祈り』が授与されます。

植福《しょくふく》の会

植福は、ユートピア建設のために、自分の富を差し出す尊い布施の行為です。布施の機会として、毎月1口1,000円からお申込みいただける、「植福の会」がございます。

「植福の会」に参加された方のうちご希望の方には、幸福の科学の小冊子（毎月1回）をお送りいたします。詳しくは、下記の電話番号までお問い合わせください。

月刊
「幸福の科学」

ザ・伝道

ヤング・ブッダ

ヘルメス・
エンゼルズ

INFORMATION	幸福の科学サービスセンター TEL. 03-5793-1727（受付時間 火〜金：10〜20時／土・日：10〜18時） 宗教法人 幸福の科学 公式サイト **happy-science.jp**